ケアマネジャーの質問力

The Power of Questioning

高室成幸
Shigeyuki Takamuro

中央法規

はじめに

「どうして意向が聴きとれないのだろう？」

ケアプランや介護予防プランの意向欄にわずか数行しか書かれていないのを何度も目にした時のことでした。書いてあっても過去や現在のつらさへの思いばかりで、これからどうしたいのかが書けていない。そしてとても抽象的で、その人らしさが感じられない。本人の意向は観察して書けるものではありません。問いかけをして、本人のつらい思いに寄り添い傾聴し、これからどのように暮らしたいか、あきらめきれないどのような願い・望みがあるかを受けとめることで書き入れることができます。

意向欄が書けないのはどうしてだろう？　素朴な疑問をことあるごとに尋ねてみました。返ってきた返事は予想通りでした。

「正直、なにをどう質問すればよいか、いつも困ってしまっています」

質問が上手に使いこなせない場面はスーパービジョンや事例検討会の研修でもよく見られます。なぜ質問するかの説明がない、自分の関心だけで質問している、質問の意図が伝わっていない、質問の形式で意見を述べているなど、質問力のなさから進行が混乱する場面に出会う機会は何度もあります。

もしかすると「質問力」の向上によってアセスメントやモニタリング、スーパービジョン、事例検討会などのレベルアップを飛躍的に図れるのではないか。……私が本書を書く動機はここにあります。

世間には「質問力」という言葉を冠した本がたくさんあります。ところが、それらの本はビジネスやコミュニケーション、コーチングに関わるものが主です。内容は参考にはなっても、高齢者や障がい者などを対象とするケアマネジメントやソーシャルワークなどの相談援助、対人援助の場面では応用がきかないだけでなく、そのまま使うことで「弊害」となるものもずいぶんあると私は考えます。

質問力は魅力的な「技術」です。質問力とは想像力であり、本人と相手を動機づける成長力です。

なにを尋ねるか、なぜ尋ねるのか、だれに尋ねるのか。

その質問フレーズが頭に浮かぶプロセスの裏側では、「想像・仮説・予測」の作業が無意識のうちに行われています。相手の回答からさらに湧きあがる新たな質問群は、関係を深め活性化させます。

「よい質問」で人はみずからを振り返り、懐かしい時期に戻り、かつての自分に出会うこともできます。そして現在の自分を深く考えるきっかけを与えてくれます。

質問とは未知の世界に光をあてる「スポットライト」であり、記憶の森を分け入る「道先案内人」です。

本書が、多くの人生に寄り添う相談援助職および対人援助職の方々の「コミュニケーションツール」となることを願っています。

最後に本書の刊行にあたり、今回も企画から編集までただならぬ労をとっていただいた中央法規出版の松下寿氏に心からの感謝を述べたいと思います。

2009年6月　　　　　　　　　　　　　　　　　　ケアタウン総合研究所　高室　成幸

ケアマネジャーの質問力 ■Contents

第1章　質問の力

1. 相談援助職と「質問の力」…… 8
2. 質問は「考える力」を育てる …… 10
3. 質問には「動機づける力」がある …… 12
4. 質問には「気づきを生む力」がある …… 14
5. 質問には「人間関係をつくる力」がある …… 16

第2章　よい質問は「6W1H+1R」でつくる

1. 「いつ（時間、時期）」を質問する（When）…… 20
2. 「どこ（場所、環境）」を質問する（Where）…… 24
3. 「だれ（主体）」を質問する（Who）…… 28
4. 「なに（目的）」を質問する（What）…… 32
5. 「なぜ（理由、根拠）」を質問する（Why）…… 36
6. 「どのように（手段、状況、状態）」を質問する（How）…… 40
7. 「どうなった（結果）」を質問する（Result）…… 44
8. 「願い」を質問する（Wish）…… 48

第3章　質問の「使い方」質問の「組み立て方」応えの「読みとり方」

第1節　質問の「使い方」

1. 質問のルール …… 56
2. 質問の基本形：「閉じた質問・選ぶ質問・開いた質問」…… 60
3. 内容：「広げる質問・深める質問」…… 64
4. 時間：「これまでの質問・これからの質問」…… 68
5. 客観・主観：「事実をきく質問・意向をきく質問」…… 72
6. 職務・本人：「聞くべき質問・話したい質問」…… 76

第2節　質問の「組み立て方」

1. 「質問の手法」の組み立て方 …… 82
2. 「目的別・時間別・期間別」の組み立て方 …… 86

3 「対象別」の組み立て方 …… 90

第3節　応えの「読みとり方」

1 「音色」の読みとり方 …… 96
2 「表情・態度・しぐさ」の読みとり方 …… 100
3 「正確さ」の読みとり方 …… 104

第4章　「質問力」でアセスメント!

1 「生活歴」を質問しよう! …… 110
2 「職業歴」を質問しよう! …… 114
3 「家族歴」を質問しよう! …… 118
4 「趣味歴」を質問しよう! …… 122
5 「人柄・性格」を質問しよう! …… 126
6 「人間関係」を質問しよう! …… 130
7 「ADL」を質問しよう! …… 134
8 「IADL」を質問しよう! …… 138
9 「CADL」を質問しよう! …… 142
10 「疾患歴・治療歴」を質問しよう! …… 146

第5章　「質問力」をブラッシュアップする

1 「聞き上手」で答えをうける …… 152
2 「専門知識・一般教養」で質問を深める …… 156
3 質問力を日常的に「使いこなす」 …… 160
4 「3つの手法」を学ぶ、活かす …… 164
5 「自問自答」で質問を磨く …… 168

「質問力」演習ノート …… 173

COLUMN　子どもの質問に学ぶ …… 80
　　　　　　「?」が新しい時代を創造する …… 94
　　　　　　フレーズ作成とロールプレー …… 172

第 1 章

質問の力

そもそも質問には、どのような力が秘められているのでしょうか。
この章では、質問のさまざまな効果、効用を描きだし、
質問が持っている可能性をひもといていきます。

1　相談援助職と「質問の力」

2　質問は「考える力」を育てる

3　質問には「動機づける力」がある

4　質問には「気づきを生む力」がある

5　質問には「人間関係をつくる力」がある

1 相談援助職と「質問の力」

　相談援助職であるケアマネジャーに、どうして「質問の力」が必要なのでしょうか。その理由は、相談援助の仕事において、「質問」が担う役割がとても重いからです。

　質問とは「問いかけられた側が、意向・状況・理由などを話すきっかけとなるコミュニケーションの一つの手法」です。質問はわずか10文字程度（例：苦しかったですか？）から30文字程度からなる、コミュニケーションの基本の「道具」なのです。

言葉・表情・動作

　相談援助においては、言葉・表情・動作が一体となった「コミュニケーション」が援助手法の基本となります。質問によって、総論（暮らし全体の状況）から各論（排泄、食事、料理、掃除など）にいたる「やりとりの順序」をつくることで、利用者（家族）は答えながら頭の中の整理を行うことが可能となります。

やりとりの順序

　質問は、相談援助では「最良のコミュニケーション道具」といえます。

相談援助の仕事は「知らない」ことだらけ

　相談援助の仕事でみなさんはさまざまな利用者（家族）に出会い、暮らしを支援するために「関わり」を始めます。しかし、ここが肝心なのですが、出会うまでは「まったく知らない」関係ということです。この「赤の他人」にも近い利用者（家族）に対して、ケアマネジャーはとても個別的でプライベートな暮らしの支援をしていくことになります。

「まったく知らない」関係

　暮らしは「その人らしさ」です。その人らしさを尊重するためには「本人の意向」と「ライフスタイル」を知ることは不可欠です。その当たり前のことをするために、最初にすることはなにか。それは利用者（家族）を「知る」ことです。

　しかし「知ること」が増えるにつれ、「知らないこと」も比例して増えていきます。独居高齢者支援のはずだったのが、子ども3人の存在がわか

るなど、「新たな未知」が広がります。
　人は問いかけられない限り答えません。またすべてを語るわけではありません。「知らないこと」があるからこそ、質問の力によって情報を収集し、全体像を浮き彫りにすることが必要になるのです。

「新たな未知」

相談援助の仕事は「わからない」ことだらけ

　ところが、ただ情報収集をしても「知ること」が「わかること」（理解すること）に簡単につながるわけではありません。「わかる」ためには、現状の原因・背景・経緯とともに、そのような身体行為・生活行為を行う背景となる生活歴や暮らしへのこだわりなどを具体的に知り、そしてそれらの情報をつなげ、「全体像」を描かなければなりません。
　目の前の要介護の利用者と家族の状態像をいくら見つめても、利用者の身体の動きは目に入っても、「心の内側」が見え、「心の声」が聞こえるわけではありません。利用者の80数年の人生と配偶者や子どもとの60数年にわたる家族の歴史、そして介護に関わる家族間の「葛藤」が浮かび上がってくるわけではありません。
　ではどうすればよいか──。なにがわかって、なにがわからないか、利用者（家族）が抱いている「意向」と事情、介護生活の知識、家事力、介護力などの情報をコミュニケーションの流れの中でケアマネジャーに与えてくれるのが「質問」なのです。

心の内側

心の声

相談援助の仕事は「見えない」ことだらけ

　現状を知り、わかっても、利用者（家族）の「この先どうなるのか」が描けるわけではありません。
　相談援助職者は利用者（家族）が持つ不安を含めた「意向」と「生活の力」を引き出し、隠れているリスクを見つけだす過程（プロセス）を通じて、どのような暮らしが築けるか、その「見立て」を行うアセスメントにおいて「質問力」を活用します。

見立て

2 質問は「考える力」を育てる

答えをほしがる人　　考えない人が増えています……考える作業を面倒くさがり、すぐに「答えをほしがる人」です。調べることをせずに誰かに質問しその回答で安易に判断する、わずかの情報で「思いこむ・決めつける・早合点する」人。また制度の側からしか発想しない、サービスに「当てはめる」ことが正解であり、それで仕事を終えたと勘違いしている場合は「答え先行型」の人です。要するに、考えない人は「固定観念」で物事にあたってしまう人なのです。

　　相談援助の仕事はつねに「応用問題」です。そして「答え」は用意されていません。サービス導入は手段であり、つねに「途中経過」なのです。

　　相談援助においては実践の中で「答えをつくる・見つける」姿勢が重要であり、もしかすると利用者が他界して「答えがわかる」こともあります。

答えなき仕事　　「答えなき仕事」だからこそ「考えること」が大切なのです。

「質問スタイル」でできる「3つ」のこと

　　考えるとは「問題意識」を持ち、それを掘り下げる作業です。そのスタイルには、第1にさまざまな事柄をまずは「疑問化」（なぜ〜）することです。医療重度化いちじるしいAさんが認定更新で要介護1から2にしか変更とならなかったことに「どうしてだろう？」と問題意識を持つことで、本人の主訴や認定調査員のレベル、主治医意見書に対する疑問が湧いてくるのです。

疑問化

仮説化　　第2に、現状を踏まえ自分なりに「仮説化」することが重要です。仮説を立てることで、回答からAさんへの支援で不足している資源（人、サービス、情報、資金、仕組みなど）を検証・浮き彫りにすることができます。

未来化　　第3に、疑問化・仮説化からさらに進んだ「未来化」（どうすれば〜）があります。「なぜ〜」ばかりの質問では現状や過去を分析はできても、「これから」は見えてきません。過去・現状を踏まえ、仮説化で浮かび上がっ

た多様な選択肢を検討し、「これから」に取り組む未来形の質問で、前向きな発想になることができます。

❶「利用者」が考えるきっかけとなる

　要介護状態とは、疾患が完全に治癒することなく「生活（人生）を続けなければならない状態」ともいえます。その環境も慣れ親しんだ自宅から施設までさまざまです。健康ならばおしゃれな家も素敵でしょうが、要介護となった身には使い勝手の悪い不便な環境となりがちです。利用者は、緩やかに進行する疾患と次第に低下する心身の状態に「とまどい、不安、怒り」の感情に悩み苦しみ、「あきらめ、絶望」という名の受容をしている場合が多くあります。

　利用者はこれからの生活の可能性を「考える」視点も、できていることを維持し、できないことを「できるようにする」工夫や知恵も持ち合わせていない人が多いからです。

　「考えたこともなかった」から「考えてみよう」と主体的に向き合う姿勢を導き出す力を持っているのが「質問の力」です。

> 主体的に
> 向き合う姿勢

❷「家族」が考えるきっかけとなる

　家族の要望が「サービス利用」に傾きがちな理由の一つに、サービス導入がみずからの介護負担の軽減・肩代わりとなり、これでひとまず「解決」と早合点してしまうことにあります。サービスは利用者の望む暮らしを実現するための「手段」です。家族の「サービス志向」に引っ張られてしまうのは、相談援助職が家族とともに「考えるプロセス」を「手抜き」している結果ともいえます。

> 考えるプロセス

　「どのサービスを求めますか？」でなく、「このサービスでどのような関わり方ができますか？　どのような暮らしを望みますか？」と問いかければ、家族に「考えるきっかけ」を提供することになります。

❸「援助者・ケアチーム」が考えるきっかけとなる

　ケアマネジメントは制度や行政ルールに合わせることではなく、「その人らしい」生活を実現するためのチームケア支援の手法です。数年にわたる関わりでも時には立ち止まり、これまでの支援に「質問」という方法でブラッシュアップをかけ、ケアチームで「考える機会」をつくることは、「答えなき仕事」にはとても重要なプロセスとなります。

> 答えなき仕事

3 質問には「動機づける力」がある

　対人援助職に就く人が、仕事でやる気になる場面の一つに利用者（家族）からの「〇〇さんに会うと元気がでるよ」のひと言があります。重い疾患や障害をかかえながらの生活は利用者（家族）を心身ともに疲弊させます。対人援助職で働く多くの人に共通している「いい笑顔」が、利用者（家族）の明日への意欲づくりにとても効果的なことがわかります。

いい笑顔

　ケアマネジメントの中では、あきらめやネガティブな感情でいっぱいの利用者（家族）を励まさなければいけないと思う瞬間はたくさんあります。そこで「がんばりましょう」と一方的な声がけをするのではなく、「どうされましたか？」と理由を尋ねることによって、本人の悩みやとまどい・グチを導き出します。そうなってしまう原因を質問力で探し出し、本人自らが解決策を考えることで、「まずはやってみましょうか」と動機づけることができます。

「質問」が利用者（家族）を「動機」づける

「風」を送る

　質問とは、相手の心に「風」を送ること、一本の「釣り糸」を垂れることと例える人がいます。いい質問は人を動機づけ、行動に移す力を持っています。それは質問が利用者（家族）の心の中に「考える」という行為を自動的に喚起し、そしてそのこと自体が「前向き」な行為だからです。

「前向き」な行為

❶質問は「記憶」を鮮明にする

　私たちは人から質問されることによって、過去の記憶の森に分け入り、思い出の引き出しを開けます。記憶はなくなるのでなく、「埋もれる」のです。記憶を仕舞いこんだ場所はわからなくても、「質問」という風を起こすことで、埋もれた思い出や出来事を現在に呼び戻すことはできます。言葉で人を感動をさせることはむずかしくても、良い質問をすることで、相手が過去の記憶に戻り、涙を流したり思い出し笑いをしたりする瞬間と出会うことができます。

「質問」という風

❷質問が「自問自答」のきっかけとなる

　質問が利用者（家族）に動機づける行為とは「自問自答」です。ケアマネジャーの「どうしてそうおっしゃったのですか？」の質問に、「なんでそう言ったのかなぁ」と自分に問いかけ、「そうだ、○○だったからだ」と自分なりの答えを出す「自律的行為」です。

　要介護状態ではどうしても依存的になりがちで、みずから考える行為は減りがちになります。また介護者も固定観念やあきらめや面倒くささから「なぜ」という問いかけをしなくなりがちです。

　ケアマネジャーが行う質問は、平板になりがちな日常の考え方に「自問自答」という動機づけを起こすことなのです。最初の質問はケアマネジャーが行っても、相手の中で第2、第3の問いかけが始まっています。

自律的行為

❸質問で「頭と心の整理」のきっかけとなる

　利用者（家族）が受容できていない状態では、これからの介護生活を主体的に前向きに考えることはできません。その大きな理由は、悩み・困りごとが整理されずに、漠然と「なぜ私はこんなことになってしまったのだろうか」と悩んでいる状態だからです。

　そんなとき、ケアマネジャー側が一方的に問いかけると、利用者（家族）にとって「間違い・失敗」を問いただす「尋問」に近い印象をもたれてしまうことがあります。また「なぜできないのですか？」の問いかけは、責任を問う「詰問」となりがちです。

　ケアマネジメントの仕事は利用者（家族）を「支える」ことが大前提です。社会的常識で判断するのでなく、さまざまな考え方や価値観があり「正解は無限にある」ことを前提にした姿勢で、利用者（家族）自身が「考え方の整理」ができるように、質問力で導いていくことです。

　答えはケアマネジャーの側ではなく、相手の中にあるのです。

尋問

詰問

正解は無限にある

❹促すことも質問で「動機」づける

　要介護高齢者は服薬やリハビリテーションなど「やるべきこと」を怠ると、またたく間に体調の悪化や機能低下、重篤化にいたる可能性があります。利用者（家族）に対して時には強制的に関わりたいこともあるでしょう。そのときに「〜してください」と命令口調や懇願口調で言っては意図は伝わりません。「どうすれば〜ができるようになりますか？」「〜ができたのはどのようなときでしたか？」と肯定的に問いかけることで、利用者（家族）は前向きに「これから」について考え始めることができます。

4 質問には「気づきを生む力」がある

ケアマネジメントの場面では「質問力」がもつ「気づきの力」を利用者（家族）に使うだけでなく、ケアマネジャーを含むケアチーム全体に活用できます。まずは、みずからの理解や支援の手法について自分に質問を投げかけてみましょう。また事例検討会やカンファレンスの中で、自分の中にある「ひっかかり」や「わだかまり」を質問というスタイルで問いかけてみましょう。そのことで、別の視点に「気づく」ことができるでしょう。

> ひっかかり
> わだかまり

質問には本人の中に「主体性」を生む力がある

一般的にケアマネジャーから「〇〇さんの状態は〇〇です」と説明されても、利用者（家族）はそのことになかなか実感が湧かないものです。その理由は気づきのプロセスで重要な「問いかけ」をせずに、一方的な指摘・解説で終わってしまっているからです。それでは聞く側はその内容を受け入れるしかなく、そこにみずからが主体的に考え発見した「気づき感」は生まれません。気づきは利用者（家族）に自信と主体性を生む大切なプロセスです。

❶利用者（家族）は「悩みの迷路」の中にいる

要介護状態にある利用者は自分の生活とどう向き合い、自分の身体とどのように折り合いをつけて暮らしていくか、常に不安の中にいます。介護する家族の介護力のレベルや介護への意識もさまざまですから、先行きが見えないなかで「悩みの迷路」状態の人もいます。むしろさまざまな望みも「ぜいたく」に思え、控えてしまいがちです。そのようなときに一方的な説明をするのでなく、「どのようなことに悩んでいらっしゃいますか？」の問いかけが、本人の悩みの種を引き出すきっかけとなります。

> 悩みの迷路

❷本人に「気づいてもらいたいこと」を質問スタイルでアプローチする

専門職からみると機能的にはなんとかできるのに「本人」はできないと思いこんだり、気づいていないことがあります。また、うまくいかないと

きには、すぐにあきらめたり、責任を回避したり、努力を避ける場合もあります。

その際に家族が説教をしたり、専門職が指示・指摘をしても利用者は苛立ちを感じるだけで、どうすればよいかを考えることはできません。ケアマネジメントは利用者（家族）の「自立を支援」することが基本コンセプトです。気づいてもらいたいことを質問することにより、本人がそのことをまず考えるプロセスから始めることができます。

> 自立を支援

質問力で本人なりの「納得」を生みだす

ケアマネジメントの現場では利用者（家族）を説得しなければいけない場面が時としてあります。しかし一般的に人は説得されることを嫌います。それは相手の言い分を無条件で受け入れる、相手に屈してしまうという印象があるからです。説得する主体は相手です。そして自分を「納得」させる主体も相手自身です。

「納得」にいたるには、相手の言い分を取捨選択し、自分なりに折り合いをつけるという一連のプロセスを通る必要があります。

この際に求められる質問力は、追いつめる質問でなく、相手の納得のプロセスをたどる「整理していく質問」なのです。

> 整理していく質問

❶「納得感」は論理的な質問と感情にかかわる質問で

利用者（家族）が理屈でわかっていてもなかなか行動に結びつかないときは、頭も心もモヤモヤして原因や方向性が定まらない状態です。それを一方的にケアマネジャーが分析・指摘しても、相手は押しつけられた印象しか抱きません。論理的な質問と感情に関わる質問を行い、本人が答えを考えるプロセスを通じて「あっそうか！」という気づきが本人の中に「納得感」を生むことになります。

> あっそうか!

❷答えを「自力で見つける」きっかけをつくるのが質問

相談援助で注意しなければいけないことは、「答え」を言ってしまうことです。人は自分の中で「どうすればよいか」の答えを出せたときに主体的となります。ただ、それが過去の経験や余計な知識や情報、周囲の影響などで「鮮明」にならなくなっているだけです。自分で見つけることが「自力で変わること」のスタートになるのです。

> 自力で変わること

5 質問には「人間関係をつくる力」がある

質問力で双方の関係を「深める」

質問できない項目

相談援助の仕事では、いきなり相手の人生にまで踏み込んでいくことがあります。信頼関係が生まれるまでは質問できない項目（例：家族史）もあります。一方で、尋ねることを躊躇していたために支援の方向性が定まらず混乱することもあります。

質問力によって語られる利用者（家族）の困りごとや悩みごと、そして喜びに寄り添う「傾聴」は、お互いの関係を深めることになります。

相談援助は「信頼関係づくり」のコミュニケーションから始まる

意思のやりとり

コミュニケーションとは「意思のやりとり」です。その方法は「言葉」を主とし、文字を使った筆談、手指と動作・表情を使った手話、目の瞬きや動作による意思表示までさまざまです。

意思のやりとりの最初にあるのが、関係づくりの簡単な質問（例：どちらの方ですか？）です。閉じた質問・開いた質問・選ぶ質問などを駆使し、知りたいことをお互いに質問しあいながら「関係」を深めていきます。

❶「知らない関係」から「知り合う関係」づくり

微妙な不安感

まったくの他人は「知らない関係」です。知らない関係では双方の間に「微妙な不安感」が存在します。インテークの段階ではケアマネジャーの側は専門的情報を多く持っています。一方、利用者（家族）は「何をきかれるか」「何を話さなくてはいけないか」と不安の中にいます。訪問の際には、質問の「主導権」を利用者（家族）に渡す時間をつくることで、一方的に尋ねられる関係でなく、双方が「知り合う関係」づくりが可能となります。

❷「わからない関係」から「わかり合おうとする関係」づくり

　支援が2年近く続くと「知っていること」もどこか当たり前になり、ケアマネジャーの側も「わかっているはず」、利用者（家族）も「わかってもらっているはず」と思いがちです。しかし心身の状態や家族の状態も一定ではありません。

　なにをいつどのタイミングで質問するかをつねに考えていることが大切です。それは、相談援助職として「わかり合おうとする関係づくり」を利用者（家族）に示すことなのです。

> わかり合おうとする関係

「質問力」で利用者・家族・サービス事業者・専門機関の「関係」をつなぐ

　利用者と家族、利用者（家族）とサービス事業者・専門機関など、それぞれの立場で抱く「疑問」を質問化し、それぞれから「回答」を引き出し共有化する作業はケアマネジメントの大切な仕事です。疑問あるところに「理解・共感」はありません。質問なきところに「回答」も生まれません。

❶利用者と家族の「関係づくり」

　家族・夫婦といえど、すべてを「理解しあっている」わけではありません。むしろつらい介護の日々で家族間のつながりの弱さや数十年にわたる葛藤、複雑な人間関係が「表出」することもあります。利用者が現状の意向（本音）を家族に示せないことも多々あります。また介護のやり方や先々の介護生活にとまどう家族は疑問だらけです。その間で立ち往生していてはケアマネジメントはできません。

　質問力は利用者や家族の心の内を開く「鍵」の機能を持っています。語られる言葉を利用者・家族の双方にわかりやすく伝え、あらたに生まれる疑問を質問化して相手に伝える。このやりとりが「関係」を深めます。

> 「鍵」の機能

❷利用者・家族とサービス事業者・専門機関との「関係づくり」

　多くの場合、利用者（家族）はサービス事業者や専門機関（例：医療、行政）への意向や希望を疑問（例：〜はしてもらえないでしょうか？）という形で抱いています。またサービス事業者・専門機関の側も利用者（家族）に対して疑問（例：〜で意向に沿っているのだろうか）を抱いています。それぞれが求める情報を「質問化」することで、それぞれから「回答」が得られ、チームケアの「関係づくり」によい効果が生まれます。

第 2 章

よい質問は「6W1H＋1R」でつくる

質問づくりの基本は「疑問詞を使う」ことです。
この章では、一般的に知られる5W1Hに著者オリジナルの1Wと1Rを加え、「質問のつくり方」の基礎を学びます。

1　「いつ（時間、時期）」を質問する（When）

2　「どこ（場所、環境）」を質問する（Where）

3　「だれ（主体）」を質問する（Who）

4　「なに（目的）」を質問する（What）

5　「なぜ（理由、根拠）」を質問する（Why）

6　「どのように（手段、状況、状態）」を質問する（How）

7　「どうなった（結果）」を質問する（Result）

8　「願い」を質問する（Wish）

1 「いつ（時間、時期）」を質問する（When）

　会話をしていて私たちが混乱するのは、相手が「いつのこと」を話しているのかわからないときです。「○年○月」の出来事なのか、「○日○時」にあったことなのか、「いつからいつまで」の期間の話なのかがわからないと、とまどってしまいます。これまで（過去）の話題といま（現在）とこれから（将来）の話題では、同じ内容でも意味（生活歴の一部なのか意向・希望なのか）が異なってきます。とくに高齢者との会話で曖昧になりがちな「いつ」をアセスメントでは明確にしなければいけません。

人生の「時期」を質問する――「横軸」でとらえる

歩んできた時間

　人には「歩んできた時間」があります。質問をする際に相手の人生の「長さ」を「横軸」にイメージします。ノートの真ん中に実際に10センチ程度の横線を引き、10年を1センチ間隔で刻むだけで、100年の歩みを「見

見える化

える化」することが可能となります。そのことで高齢者にも幼少期・思春期から青壮年期、中年期を経た歩みがあり、それぞれの時期の「その人の姿」を想像しながら質問を進めることができます。話題の時期に応じてメ

生活史

モをすると簡単な「生活史」が完成します。

❶幼少期～思春期

人格形成

　幼少期から思春期は「人格形成」が行われる大切な時期です。育った環境が、性格や生活習慣、食習慣、価値観、考え方に大きな影響を与えます。とくに大正から昭和初期生まれの高齢者にとって、この時期は「戦争」を抜きにして語ることはできません。多くの日本人は大家族で貧しく、尋常小学校に通いながら家業の手伝いにも精を出すのが一般的でした。家族・地域のつながりは強く、贅沢は控えつつましい暮らしの中でのさまざまな思い出を質問力で引き出しましょう。

※［閉］は「閉じた質問」、［開］は「開いた質問」（詳細は第3章第1節）
□ ［閉］：「ご両親は厳しい方でしたか？」（家族関係、育ち方）

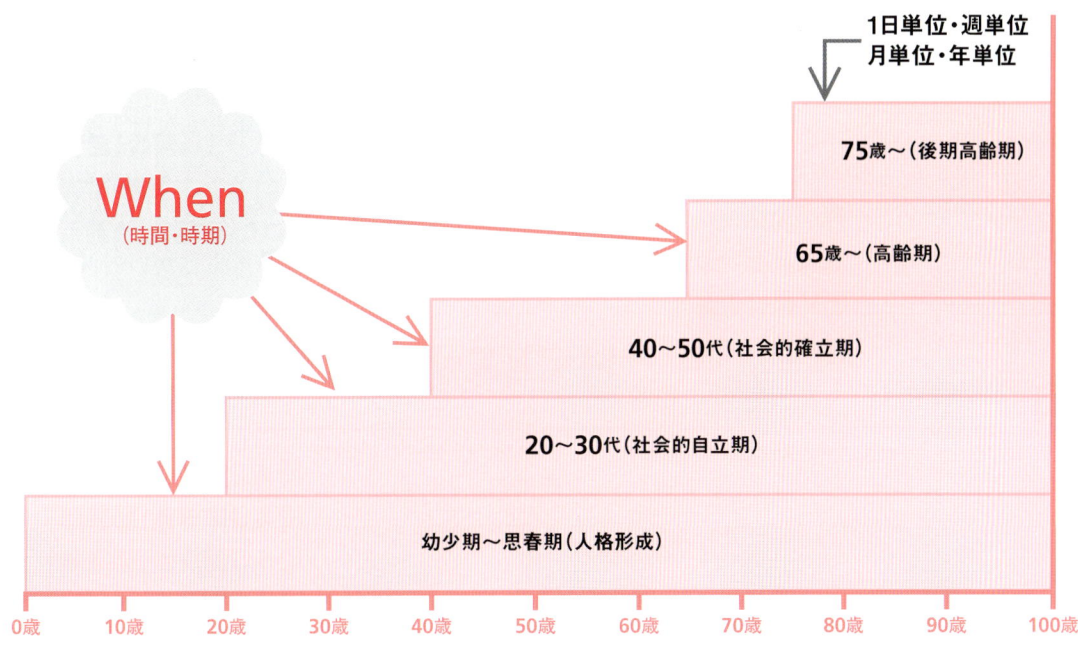

- □ ［開］：「家では、どのようなお手伝いをされていましたか？」（家業）
- □ ［開］：「小学校の頃は、どのようなお子さんでしたか？」（人柄、性格）

❷ 20代〜30代

　一般的に20代は、職業に就き、結婚して家庭を持つという、社会人として「自立」する時期とみなされてきました。30代は役職にも就き職業人としても一人前に扱われ、家庭では子育てに手がかかる年代です。

　大正生まれの男性にとっては出征・兵役・引き揚げ経験があり、女性は「銃後の守り」としてのつらい生活を強いられました。昭和初期生まれにとっての20代は終戦後の混乱と経済復興の真っただ中での青春期でした。

引き揚げ経験

- □ ［開］：「どのような仕事で働かれてきましたか？」（職業遍歴と体験）
- □ ［開］：「どのようなご縁（どなたの仲人）で結婚をされましたか？」（結婚、家庭）
- □ ［開］：「仕事（昇進、転勤）でどのようなご苦労がありましたか？」（仕事）
- □ ［開］：「子育てでどのようなご苦労がありましたか？」（家庭、子育て）

職業遍歴

❸ 40代〜50代

　40代から50代は、男性の場合は仕事や地域においてリーダー的な役割を担う機会が増えます。女性は、子どもたちの思春期（反抗期）も終わり、親離れをする青年期となるため、子離れが課題となる年代です。やがて子どもたちは家を離れて独立し、就職・結婚・出産を経て、50代後半で孫の誕生を経験する人もでてきます。

子離れ

- □ ［開］：「どのようなお子さんたちでしたか？」（子育て）

- [開]:「40代、会社ではどのような役職をされていましたか？」(仕事)
- [閉]:「お孫さんが誕生されたのは50代ですか？」(家族)

❹60代～70代

　60代から70代の方の生活形態は、二～三世代同居もあれば、夫婦二人だけの生活、配偶者の他界によるひとり暮らしの方もいます。疾患や健康障害を抱えると、先々の生活への不安も増すことになります。仕事や地域、家族における役割の喪失や友人・知人の他界が意欲・生きがいの減退をまねく場合もあります。

- [閉]:「仕事（地域）でのおつきあいはいまでも続いていますか？」(仕事、役割)
- [開]:「いまでも、どのような方と年賀状などのおつきあいが続いていますか？」(人間関係)
- [開]:「いまでもどのような趣味をやりたいですか？」(生きがい)

「日単位、週単位、月単位、年単位」で「いつ」を把握する

　「いつ」には日、週、月、年の単位があります。アセスメントでは「いつ」を具体的に把握するために、次のような点に配慮し質問をしましょう。

❶1日単位

生活リズム

主な日常生活の活動

　1日の流れで習慣となっている「生活リズム」（起床、整容、散歩、掃除、食事、外出、入浴、テレビ、就寝など）を把握し、それが主にいつ（何時）に行われているかを「主な日常生活の活動」として把握し、週間サービス計画に記載します。1日は朝と昼と夕や午前・午後・夜の「3つ」に区分されます。それ以外に早朝・朝方・夕方・深夜があります。これらは個人の生活スタイルや地域の特性、四季の日の入り・日の出の時間などによって異なるので、必ず「数字」（例：午前9時、午後5時）で押さえるようにします。

❷週単位

テレビ番組

　1ヵ月は4～5週間で、1週間は月～日の7日間です。多くの人は、曜日ごとに1日の使い方が微妙に異なります。テレビ番組などによって1週間のリズムを作っている人もいます。用事や外出、通院などは週の始めや後半に持ってくるなど、本人にとってのこだわりや家族の事情がさまざまに影響しているものです。それらを曜日ごとに把握し、週間サービス計画（第3表）に反映しておきましょう。

❸月単位

月単位の通院

　1ヵ月は30日です。基本の生活単位は1日と1週間ですが、月ごとに季節の行事や近隣とのおつきあいがあり、月単位の通院や買い物、人との出会いなどがあります。1ヵ月間の基本スケジュールを把握しておきます。

❹年単位

　1年は12ヵ月ですが、1年間は四季に応じて、春（3～5月）、夏（6～8月）、秋（9～11月）、冬（12～2月）のように3ヵ月ごとに分けられます。月ごとに象徴的な行事（例：正月、花見、お盆、彼岸）があり、年間を通したゆるやかな暮らしのリズムを作っています。さらに家族の誕生日や命日などの記念日も本人にとっては「特別な日」として刻まれています。月ごとの「思い出」や行ってきた家族行事・地域行事（例：夏祭り）を質問することで、人生の歩みを把握することができます。

　　　　象徴的な行事

　　　　家族行事

期間（いつからいつまで）を質問する

　暮らしの困りごとや心身の変化などを利用者（家族）が訴えたとき、現在の状況だけを把握するのでは十分ではありません。援助側は相談を受けたときがスタートですが、相談する側は困ったときがスタートです。

利用者：「妻がトイレまで歩くのがつらいようです。でも、うまく介助できなくて困っています」

☐ Q：「いつ頃からトイレに行くのがつらくなりましたか？」
☐ Q：「1日のうちで、いつごろの時間帯にトイレに行かれますか？」

　このように「期間」（いつからいつまで）を質問することで、その大変さや悩みながら孤軍奮闘してきた様子がイメージできます。

私の質問フレーズ
My Question

☐
☐
☐
☐
☐
☐
☐

オリジナルの質問をつくってみよう！

2 「どこ(場所、環境)」を質問する(Where)

　私たちは「場所」という環境に応じて、さまざまな特徴的な行動をとります。たとえば、場所によって着る服を変えます。入社式と告別式に同じ服装で行く人はいません。場所を特定すると、なぜそこに行ったのか、その理由や目的が浮き彫りになります。そして「場所」からさまざまな人間関係や抱えている事情（例：病院ならケガ・病気）などの生きた情報を引き出すことができます。アセスメントにおいて場所・環境は必ず押さえるべきポイントなのです。

話題となっている「場所」を質問する

話題の「場所」
　アセスメントにおいて、本人や家族が話している話題の「場所」を必ず特定するようにしましょう。同じ行為でも、どこで行っているかによって身体状態の理解や援助の方法、内容等が変わってきます。日本語の会話では次のような抽象的な表現でひとくくり（ひとまとめ）にしてしまいがちですから注意します。
- 家の中・屋内（例：玄関、廊下、居間、台所、部屋、便所、風呂、脱衣所、土間、縁側、2階など）
- 家の外・屋外（例：玄関、家の周囲、家回り、庭、ベランダなど）
- 習慣となっているなじみの場所（例：田んぼ、畑、公園、川、橋、スーパー、公民館、商店、医院など）
- よく使う場所（例：駅、停留所、郵便局、交番、農協など）

移動手段
　場所の話題では、目的の場所への「距離、時間」だけでなく、「移動手段、頻度、身体への負担度、理由（目的）」などを把握することで、より深いアセスメントが可能となります。

❶ADL（日常生活動作）・IADL（手段的日常生活動作）
　ADL・IADLのアセスメントでは、「場所」を特定することで、場所が強いている「できること・できないこと」と「しづらいこと」、さらには

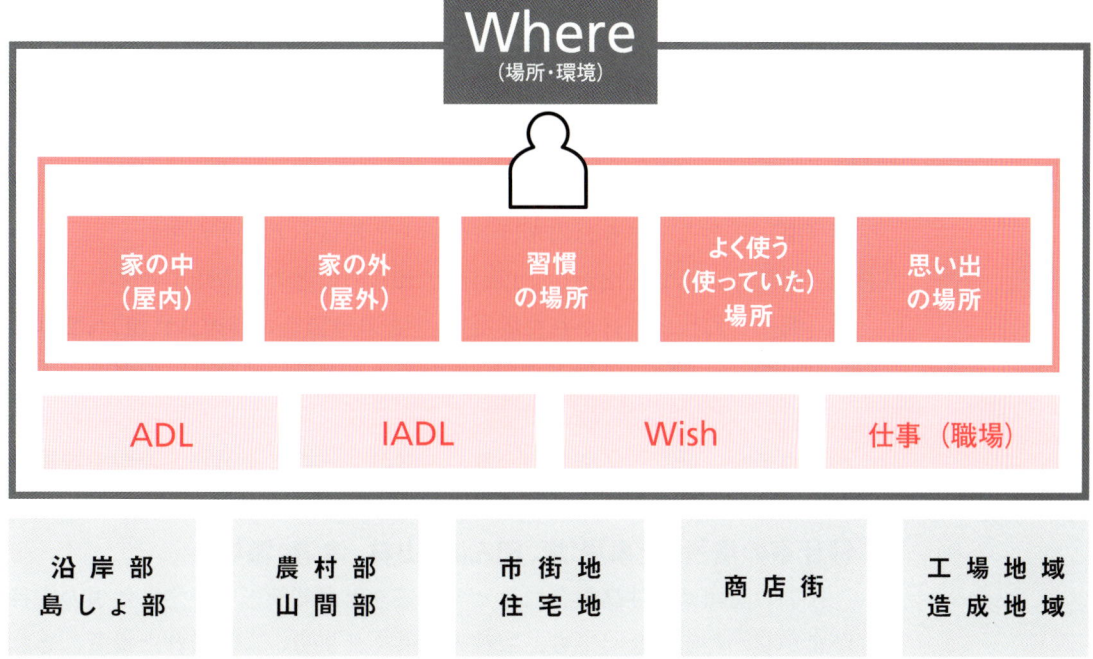

本人（家族）が抱える不安やとまどいを正確に把握することができます。その際の質問のポイントは「より具体的に」質問することです。

〈ADL〉

- □［開］：「お風呂場の移動ではどのあたりで身体を支えていますか？」
- □［開］：「お食事は、お家のどの場所で食べるのが気分いいですか？」
- □［開］：「お出かけの際に、どのスーパーのトイレが用をたすのに一番便利ですか？」

軽度の方では近くへの外出が多く、中・重度の方では屋内での暮らしが多くなります。家の中でも必ず場所を特定し、どの場所がどのようにつらい（不便）のかを、屋内の「見取図」を使って具体的に把握しましょう。　　見取図

〈IADL〉

- □［開］：「家の中の掃除では、どの部屋がおっくうですか？」
- □［開］：「買い物に行かれるスーパーまで、どれくらい歩く時間がかかりますか？」
- □［開］：「○○診療所まで歩くと、どの場所で膝がつらくなりますか？」

手段的日常生活動作では「複雑な身体動作」がかなり要求されます。ま　　複雑な身体動作
た気分・感情にも場所（環境）の影響は大きいので、できるだけ具体的に語ってもらい把握します。

❷ **Wish（願い、望み：お出かけ、趣味、人間関係、暮らし、仕事など）**

アセスメントでは、現在の状況や「これまで」を尋ねますが、本人（家族）にとって大切なのは「これから」の暮らしです。要介護度や疾患、障

害レベルに関わらず、どの方にも「〇〇がしたい」「〇〇さんと再会したい」などの願い・望みがある一方で、「この身体では贅沢な望みだ」とのあきらめがその願いを押し潰しています。

懐かしの場所

いまでは取り壊されたり埋め立てられた場所でも、本人（家族）の心の中には「懐かしの場所」として残っています。場所には本人（家族）の思い出と願いがつまっています。それらを質問で引き出します。

- ［閉］：「どうしてもお出かけしたいところはありますか？」
- ［開］：「いまでも懐かしく思い出されるのはどの場所ですか？」
- ［開］：「お仕事で行かれた場所で、もう一度行ってみたい（訪れてみたい）ところはどこですか？」

思い出の場所には、小・中学校などの母校、新婚旅行や職場の旅行で訪れた観光地、単身赴任をした土地、引っ越し先などがあり、戦地や居留地なども含まれます。

❸仕事の場所（仕事場：畑、田んぼ、山林、港湾、職場）

仕事の話題は男性高齢者にはとても盛り上がるテーマです。仕事の内容がなかなかわからなくても、会社の場所や仕事場、よく訪れた場所、忘れられない場所を質問することで「現役時代の様子」を想像することは可能です。とくに70～80代の方は農林漁業などの第1次産業にたずさわる人が多い時代でした。また地場産業（例：織物業、製陶業、観光業、各種製造業など）、公務員（例：行政、教員、警察官、消防、自衛隊など）などさまざまな職業があり、事前に仕事内容を調べて質問すると、より具体的に場所の質問ができます。

現役時代の様子

地場産業

- ［開］：「お仕事では、どのくらい遠くまで行かれたことがありますか？」
- ［開］：「どちらに転勤されたことがありますか？」

「環境」を質問する

場所は「環境」を意味します。これまでに育った場所や現在の生活環境が本人の「価値観」に影響します。ADLやIADLは現在の住居やその周辺が主になり、自立した暮らしの可能性や今後予想されるリスクなどに影響します。本人が「生きてきた環境」を把握することが重要です。

生きてきた環境

❶生活環境（農村部、山間部、中心市街地、商店街、工場地域など）

生活環境には、大きくは農村部・山間部・中心市街地、住宅地・商店街、そして工場地域などがあります。またその地域ごとに歴史や暮らしている住民層の特徴などもあります。どこに暮らしているかだけでなく、暮らし始めた時期と理由（事情）、その経緯などを質問することで「地域との距離感」を把握することができます。これらを効率的に質問するには、ノートに「周辺生活マップ」を作成しながら進めると効率的です。

住民層の特徴

地域との距離感

周辺生活マップ

- □ [開]：「○○の地域の中心地はどのあたりですか？」
- □ [開]：「地元の方が集まる主な場所はどこにあったのですか？」
- □ [開]：「暮らし始められた頃はどのような地域でしたか？」

❷ 育った環境

　利用者（家族）は現在の住まいが生まれ育った場所とは限りません。家を継承した人以外は、就職・結婚・独立で実家を出て、いくつかの引っ越しを経て現在の家（持家、借家）に住んでいます。本人の価値観や生活習慣が作られたのは「育った家族」であり、育った環境です。日本には「県民意識」という県民ごとのこだわりや特徴があります。「○○県（町・ムラ）出身」は相手を理解するうえでも大切な情報です。

> 県民意識

- □ [開]：「どちらのご出身ですか？」
- □ [閉]：「○○県（町・ムラ）生まれを実感されることはありますか？」
- □ [開]：「○○出身の方にはどのような特徴があるのですか？」
- □ [開]：「○○（町・ムラ）で忘れられない場所はどちらですか？」

❸ 市町村、旧市町村など

　介護保険制度開始時に3200ヵ所近くあった市町村も、「平成の大合併」を通じ1800ヵ所となりました。さかのぼれば、戦中は約7000の町村があり、戦後の「昭和の大合併」で約4000となっていました。この60数年間で合併によって行政単位としての名前が消えた旧町村も多くありますが、そのままの感覚でいまも暮らしている高齢者は少なくありません。その時代（地域）の思い出を聞くことは大切です。場所の「歴史」に着目することで、本人の「自分史」に触れることができます。

> 平成の大合併
>
> 昭和の大合併
>
> 場所の「歴史」
> 自分史

- □ [開]：「この土地は、戦前はどういう地名でしたか？」
- □ [閉]：「お生まれになったムラは昭和の大合併で名称は変わりましたか？」

私の質問フレーズ / My Question

- □
- □
- □
- □

オリジナルの質問をつくってみよう！

3 「だれ（主体）」を質問する
(Who)

　一般的な会話でも混乱するのが、「いま、誰の話をしているのだろう」と思うときです。話題の主役や目的の相手がはっきりしないまま会話が進むと、聞き手は誰をイメージしてよいかわからず、とてもストレスになります。その原因は、当人に「相手はわかっている」ことを前提に話す癖があるからです。アセスメントにおいても、利用者（家族）が主語や人称代名詞（息子、娘、孫、甥、姪、伜）のまま名前を明確にしないで話すことはよくあります。これをそのまま聞いていると、話題の「主人公」がわからず、会話に混乱と誤解が生じる原因ともなります。

話題の「主人公」を確認する

　どうして話題の主人公を曖昧にしてしまうのでしょうか。その理由は、日本語では主語をはぶいても会話はとりあえずは成立するという特質があるからです。だれが言ったのか、だれのところに行ったのか、その相手がはっきりしないで会話が進んでしまうことがよくあります。親しい関係の会話ほどわかっている範囲が多く、予測をつけながら私たちは聞いています。とりわけ高齢者同士の会話は、主語や相手が曖昧になりがちです。

❶「だれが」を確認する

　会話の中で、どのようにしたのかが詳しく語られるのに、だれがそれを行ったのかがすっぽりと抜けてしまい、わからないことがよくあります。会話の流れで、自分以外の主語が抜けてしまう、あるいは主語が最後にくる会話に注意しましょう。

会話の流れ

- 「私を買い物に連れて行ってくれて助かったわ」（だれが？）
- 「昔はよく山菜取りに行ってから、帰りに湯治場の温泉に入ろうと誘ってくれました」（だれが？）

　本人にとって伝えたいことは買い物や山菜取りの話題であっても、アセスメントする側としては、人間関係を把握するためにも「話題の主人公」

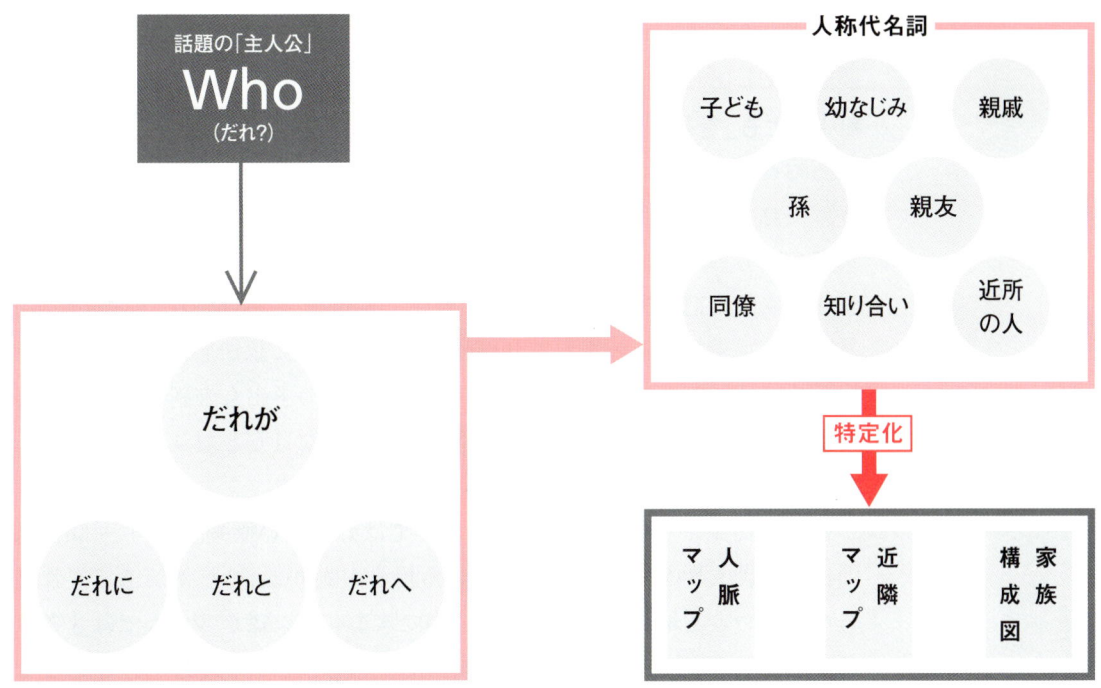

を具体的に把握する質問をしましょう。
- □「どなたが連れて行ってくれた（くださった）のですか？」
- □「どなたと山菜取りによく行かれたのですか？」

❷「だれに、だれと」を確認する

会話の中では「だれに、だれと」も比較的抜かされてしまうことがあります。
- ●「いろいろつらいことがあっても頼みにくいのよ」（だれに？）
- ●「よくお祭りの準備に一緒に行ったのよ」（だれと）

本人の中では、その相手が長女や婦人会の○○さんでも、それが会話の中で語られるとは限りません。確認せずに流していると、話の内容はわからなくなる一方です。
- □「どなたに頼みにくいのですか？」
- □「どなたと一緒にお祭りの準備に行かれたのですか？」

質問をすると、「長女にね」「さあ、誰だっけかなぁ？　そうそう……」という会話を引き出すことができます。人は心に残った印象で話すことが多く、とくに思い出話はその傾向が強くなりがちですから注意が必要です。

「人称代名詞」を確認する

会話で頻繁に使われるのが人称代名詞（彼、彼女、みんな、子ども、孫、家族、親戚、知人、友達など）です。お喋りを楽しむならそれでよいかも

人称代名詞

しれませんが、アセスメントにおいては人物を特定する必要があります。話してもらいたい理由を最初に述べて、「具体的にどの方ですか？」と質問をしましょう。

❶「子ども」を確認する

　高齢者との会話で「子ども」や「子どもたち」という言葉が出てきたときは注意するようにします。子どもには息子・娘などの「男女」があり、長男・次男・三男、長女・次女・三女の「順位」があります。あらかじめ家族構成図で把握をしておくと、「それは次男の○○さんのことですか？」と話題の主人公を確認することができます。とくに認知症となった高齢者の話題では、他界した知人や配偶者、小さい頃の子どもの話題などが頻繁に出てくることもあるので、家族構成図は大切な目安となります。

家族構成図

❷「孫」を確認する

　孫との交流や思い出は高齢者にとっては好ましい話題であり、20代以上となれば大切な支え手になっている場合もあります。「孫が来てくれました」という表現だけでは誰かは特定できません。孫が多い人では8人～15人ということもあります。頻繁に話に登場する孫の氏名を押さえることで、その親である自分の子どもとの「関わりの度合い」をはかることもできます。

関わりの度合い

❸「親戚」を確認する

　会話の中で「デイサービスで会う○○とは親戚です」「親戚の○○がたまに寄ってくれます」など、親戚にまつわる話題はとくに地方（農山村部）では頻繁に出てきます。しかし、親世代のものを引き継ぐ本家・分家、兄弟姉妹とその配偶者の親族、子どもの配偶者の親族なども「親戚関係（遠戚関係）」となり、かなり広く複雑です。会話の中で「親戚の～」と出てきた際には、必要に応じて「それは母方（父方）のご親戚ですか？」などと確認の質問を行ってみましょう。

親戚関係

　また「○○とは遠縁でね」と話された場合には、「お葬式など冠婚葬祭程度のおつきあいですか？」と、おつきあいレベルの例を出して関わりの度合いを質問するのも効果的です。

❹「幼なじみ、親友、友達、知り合い」を確認する

　人称代名詞の中で「友達」ほど範囲が広い人間関係はありません。この表現の中には、本人にとっての「関係の深さ」が含まれています。会話の中で親しげに話される名前などがあれば、その関係を把握する意味で「関係の濃淡」を把握しましょう。

関係の深さ
関係の濃淡

- □「その方とは幼なじみ（お友達）ですか？」
- □「その方とはいつからのお知り合いですか？」

　相手からは、「そうなの、40年来の親友でね」と、その関係の深さやつきあいの中味を語り始める言葉がでてくるでしょう。

❺「仕事仲間」を確認する

戦後の高度経済成長を担ってきた男性高齢者の多くは「モーレツサラリーマン」と言われるほど仕事人間だったので、どのような業種に携わった方でも「仕事仲間」との思い出話を好まれます。当人にとって「輝ける時代」の話題はなによりの勲章だからです。その際に、仕事仲間にも次のような「範囲」があることを押さえておきましょう。

輝ける時代

- 会社内の仕事関係：同期、同僚、上司、部下、社長、事務、他に師匠、弟子など
- 取引先の仕事関係：同世代、先輩、後輩、気の合う仲間、飲み友達など
- 仕事を通じた趣味仲間：ゴルフ、釣り、囲碁、将棋、麻雀、パチンコなど

☐「その方とは今もおつきあいが続いているのですか？」

❻「みんな、近所、大勢」を確認する

人の総称で「みんな、近所、大勢」は、かなりの幅がある表現ですから、誤解を生じやすく注意が必要です。「みんなが言っているんです」「近所の目が気になる」「大勢の人から○○と思われている」などの表現には次のように質問します。

☐「とくにどの方がおっしゃっていますか？」
☐「とくに気になる方は何軒目の方ですか？」
☐「どういう方がそう思われていると思われますか？」

マイナスの話題には、「それはおつらいですね」と共感し、必要に応じて「よかったら教えていただきたいのですが……」と枕詞を添え、「この○○地区の方ですか？」など広い質問から始めるとよいでしょう。

枕詞

私の質問フレーズ / My Question

☐
☐
☐
☐
☐
☐

オリジナルの質問をつくってみよう！

4 「なに(目的)」を質問する(What)

　話題が突然変わったり、そもそも何について話していたかわからなくなることは、もの忘れが多くなる高齢者や認知症の方、精神的に不安定な方の場合に起こりがちです。アセスメントで困るのは、利用者（家族）が「なに」について話しているのかがわからないときです。そのままでは質問で深めることすらできません。アセスメントでは利用者（家族）が、つねに「なに」を話しているのか、「なに」を話したいのか、「なに」にこだわっているのかを意識しながら面接を進めます。

話題の行為の「目的」に着目する

　アセスメントとは利用者の現状を把握し、自立した生活を行うために問題（支障）となっている行為を浮き彫りにし、その原因をさまざまな視点から分析し、対応を検討する「プロセス」です。そこでの中心は「生活行為」です。しかし、生活行為はそのものだけで存在しているわけではなく、ある「目的」を達成するための連続した心身の行為の「ひとつのまとまり」であるという点を押さえておきましょう。

> 生活行為

> ひとつのまとまり

❶ADL

　日常的生活動作（ADL）のアセスメントで、本人が求める「目的」を意識すると、その人なりの意向や意欲、思い入れが「言葉」として浮き彫りになります。

> 思い入れ

- 食事の話題：「○○を食べたい、○○と食べたい」
- 移動の話題：「○○へ行きたい、○○に会いたい、○○を行いたい」
- 整容の話題：「○○の服を着たい、オシャレをして○○に出かけたい」
- 入浴の話題：「身体を清潔にしたい、ゆったりとした気分になりたい」

　排泄などは生理現象として「当たり前」のこととしてとらえられがちですが、そこにも「排泄行為にわずらわされたくない生活」という目的はあります。

> 「当たり前」のこと

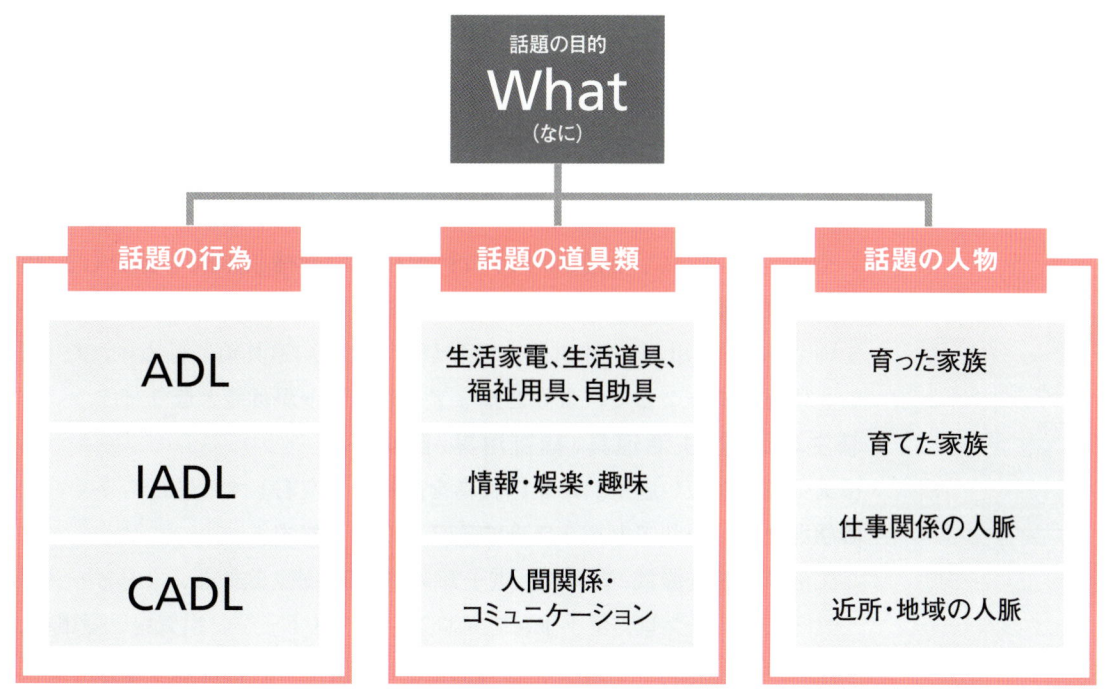

❷IADL

　IADL（手段的日常生活動作）の状況を質問することにより、本人の「暮らし方」への意向・意思、身についた生活習慣をより具体的に浮き彫りにすることができます。

- 調理の話題　：「○○を料理したい、○○のために料理を作りたい」
- 掃除の話題　：「○○をきれいにしたい、○○を掃除したい」
- 洗濯の話題　：「○○を洗濯して着たい、○○を着ていきたい」
- 買い物の話題：「○○を買って○○したい、○○に行って○○を買いたい」

　このようにIADLには、かならず目的とするモノや行為（コト）があり、そのモノや行為（コト）には意味（例：娘に食べさせたい手料理、夫からプレゼントされたブラウス）がこめられています。

❸CADL

　CADL（文化的日常生活動作）では、本人の人生に関わる広い経験や教養・知識を背景として、これからの暮らしへの希望や意向・意思が語られます。それぞれに「どのようなこと」がしたいのか・過去にしたのかをしっかりと傾聴することで、生活史や家族歴、仕事で担ってきた役割や業務を具体的に浮かび上がらせることが可能となります。

- 家族の話題：「一緒に○○がしたい（例：食事、旅行、散歩、墓参り）」　　家族の話題
- 友人の話題：「友人と○○がしたい（例：食事、お喋り、語らい、趣味）」
- 役割の話題：「町内会の○○を続けたい、ボランティアの○○をしたい」

　これらの目的を達成するために、どのような「身体・生活行為の自立」　　身体・生活行為の自立

と「サポート（支援）」が必要となるのか、またそのことへの利用者（家族）の意欲をやりとりの中で浮き彫りにします。

話題の道具類の「目的」に着目する

私たちはある行為（目的）のためにさまざまな道具を使っています。ペンやパソコンで文字を書き、包丁で料理をし、箒や掃除機で掃除をします。利用者（家族）との間で話題になった道具類から、利用者（家族）が行いたい「コト」を知る（推測）することができます。道具類に秘められた「目的」に着目することで、より的確なアセスメントが可能となります。

道具類に秘められた「目的」

❶生活家電、生活道具、福祉用具、自助具

使い勝手

道具類の「使い勝手」が生活行為を直接に「左右」することも多く、その状況をしっかりアセスメントすることが大切です。

- 生活家電…洗濯機、掃除機、電子レンジ、冷蔵庫、炊飯器、コーヒーメーカー、ガスコンロ、ポット、アイロン、ガスストーブ、換気扇、扇風機、エアコン、温風ヒーター、電気毛布、電気アンカ、洗濯板など
- 生活道具…調理（包丁、鍋、まな板等）、食事（食器類、箸、調味料、テーブル等）、整容（ハブラシ、化粧道具、櫛、髭そり等）、金銭管理（電卓、そろばん、手下げ金庫等）など
- 福祉用具…移動（杖、シルバーカー、車いす等）、食事（食器、箸等）、就寝（介護ベッド等）、排泄（ポータブルトイレ等）、入浴（シャワー椅子等）など

それぞれに長年「使いなれた道具」や、心身の機能低下から「使いづらくなってしまった道具」などがあります。生活道具に応じた「使いこみ方」を把握することは、生活支援の視点からも重要です。

使いこみ方

- □「家電品では、どういうものが使いづらくなってきましたか？」
- □「この電子レンジでは、どういうものをあたためたりしていますか？」

❷情報・娯楽・趣味道具類

娯楽の道具類

要介護状態となった利用者にとって、単調に過ぎてゆく日々に、「娯楽の道具類」はささやかな「人生の楽しみ」をもたらしてくれます。

- 情報・娯楽家電…テレビ、ビデオ、パソコン、ラジオ、CD、カセット
- 趣味の道具…将棋（台、駒）、囲碁（台、碁石）、写真（カメラ）、習字（筆、紙、墨）、裁縫（布、糸、針）、音楽（楽器、譜面）、カラオケ（再生機、マイク）、絵画（筆、絵具、紙）など

趣味（やりたいこと）と道具の間には、それらを使いこなすための「身体機能」があります。何がやりたいか、何をやってきたか、どのように、いつからやりづらくなったかなどを明らかにすることで、本人の意欲への動機づけも格段に具体的になります。

❸人間関係・コミュニケーションの道具類

　人とのコミュニケーションをとるためのデジタルツール（道具）は、近年高齢者にもとても便利になっています。足元が弱くなったり、遠く離れてしまい面と向かって会うことはできなくても、これらのコミュニケーションの道具類を活用することで継続的な「気持ちの通い合い」を続けることは可能です。いままでどのような機器をどのような目的で使ってきたのかを聞きだしましょう。

- デジタル系…家庭用電話、携帯電話、Eメール、ビデオレター、Fax
- アナログ系…手紙、葉書、対面の会話

　これらを活用して「なに」（内容）を伝えたいか・聞きたいかを明らかにすることで、利用者（家族）が持っている「人間関係」の広がりなどを把握することができます。

> デジタルツール
>
> 気持ちの通い合い

話題の人物の「目的」に着目する

　話題の中で登場する「ヒト」は、その内容に関わる重要人物です。利用者（家族）が話題にするのは、「育った家族、育てた家族、甥・姪、仕事仲間、地域の知り合い」などです。

　話題になるのは、そこに明確な「目的」があることをあらわしています。何らかのことを「頼みたい」「頼りたい」、どうしても「会いたい」など、話題の奥にある「目的」に着目し、浮き彫りにすることは重要です。

- ☐ 「その方にお会いして何をされたいのですか？」
- ☐ 「その方にお会いできれば何をお話ししたいですか？」
- ☐ 「○○をするためには、どの方にお会いしたいですか？」

私の質問フレーズ　My Question

☐ _____

☐ _____

☐ _____

☐ _____

オリジナルの質問をつくってみよう！

5 「なぜ（理由、根拠）」を質問する（Why）

　慎重に行いたい質問のひとつが「なぜ」（理由・根拠）です。利用者（家族）の言動や行動の中で、そうした（しなかった）理由・根拠を問いたいときに発する質問が「なぜ（どうして）」です。「いつ、どこで、だれが、なにを」の情報はデータであり、単純で客観的です。「なぜ」を問う質問は、相手の「意思・意図・事情」に分け入る作業であり、相手にとって「深い質問」となり、時には心の傷に触れることもあります。

意思・意図・事情

　「なぜ」の質問は利用者（家族）の心に直接働きます。ときには「それは言いたくない」と拒絶や躊躇・とまどいの反応が返ってくることもあるでしょう。それほどに、相手の「本音・本当」を引っ張り出す力を持っている問いかけです。それだけに、質問するタイミングや仕方に慎重さが求められます。「なぜ」は利用者（家族）の本音や出来事の原因を導き出す役目を果たします。

本音・本当

利用者本人の「理由・根拠」を質問する

　アセスメントの中で、「理由・根拠」を明確にしなければならない場面はたびたびあります。「できる・できない、している・していない、やりたい・やりたくない、つらい・つらくない、さみしい・さみしくない」などは、あくまで「状況」です。大切なのは「なぜそうなっているのか」を明らかにすることです。なかには本人の勘違いや誤解で「できない」と思い込んでいる場合もあります。身体機能、感情・気分、人間関係の距離ごとに質問のポイントを押さえます。

❶身体機能に「なぜ（どうして）」の質問をする

　身体機能の低下は利用者自身にとって切実です。かつてできていたことができなくなると、とても悔しく情けない感情に襲われるものです。長い闘病生活や要介護状態で、すっかり将来を悲観して「できない」と思い込んでしまっている場合もあります。

理由・根拠
Why?
（なぜ）

利用者への質問のポイント
- 寄り添い
- 共感的
- 可能性
- 強さと弱さ
- 受容的
- プロセス思考

＋

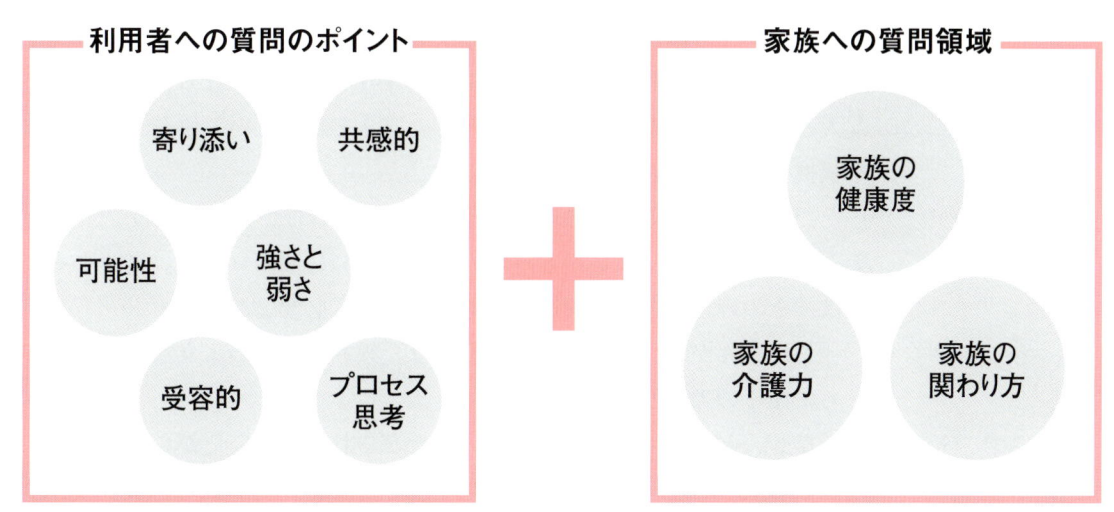

家族への質問領域
- 家族の健康度
- 家族の介護力
- 家族の関わり方

　「なぜ」を質問する場合には、「問いつめる印象」を与えるのは避けなければいけません。共感的な姿勢で「どうしてそう思われるのですか？」と本人の気持ちと理解の度合いに寄り添い、自立した暮らしをつくる可能性をともに見つける姿勢が大切です。

▶問いつめる印象

❷疾患、障害に「なぜ（どうして）」の質問をする
　利用者が疾患や障害によって要介護となるには、それぞれに個別の「経緯」があります。本人の「強さと弱さ」、現状の受容度などは暮らしを「組み立て直す」ための情報としても必要なことです。

▶組み立て直す

　原因と経緯だけでなく、疾患・障害が改善されない（改善されている）理由・根拠についても本人がどのように受けとめているかを把握します。
- □「〇〇となられた理由を教えていただけますか？」
- □「〇〇のようになった原因を、ご自分なりにどうお考えですか？」

❸感情、気持ちに「なぜ（どうして）」の質問をする
　人間は感情の動物です。だれもが、「楽しい・うれしい・よかった」などの前向きな感情だけでなく、「つらい・悲しい・腹が立つ・くやしい」などの後ろ向きな感情も抱えています。利用者の中には、疾患の影響などで感情の起伏の激しい人もいます。感情が突拍子もない行動や言動となり、周囲を戸惑わせることもあります。それが相談援助職やヘルパーなどに向かう場合もあります。とくに認知症高齢者では、感情の起伏が一日の時間帯によっても変化が大きく、支援していくうえでは、「どうしてそう思うか」「どういう言葉（体調、時間帯）にそのような状態になるか」を把握して

▶感情の起伏

おくことはアセスメント項目としても重要です。
- □「○○のお気持ちになるのは、どういうときですか？」
- □「○○に行かれたときに悲しい気持ちになるのはどうしてですか？」

❹家族関係、近隣関係、人間関係に「なぜ」の質問をする

　介護はこれまでの家族関係をさまざまなかたちで浮き彫りにします。家族間において介護への参加の度合いが異なる場合には、その理由や根拠を把握する必要も生じます。また近隣の見守りへの協力や仕事仲間や旧知の友人とのつきあいなどが本人にとっての支えとなっている場合、その理由や根拠を把握しておくことも大切です。

> つちかわれたもの

　ただしこれらの人間関係は長い年月の中で「つちかわれたもの」であり、そこまで踏み込んでよいかどうかの判断はつねに問われます。質問する際には、その理由を述べ、理解してもらう説明も必要となります。
- □「お母さんが○○となってしまうのは、娘さんにどのような感情をお持ちになるのですか？」
- □「なぜ（どうして）○○さんに会いたがられる（会いたがらない）のですか？」

❺意向（希望、期待、望み）に「なぜ」の質問をする

　利用者が言葉にする意向（希望・期待・望み）にはかならず「その人らしい理由」があります。それを把握し、チーム内で共有することでより個別性の高い、本人の願いに沿ったチームケアが可能となります。

> 望む生活

　利用者が言葉にした「望む生活」に対しては、共感的に質問しましょう。しかし、一方でその望みも疾患や障害の進行により叶わない場合も想定されます。どのように「折り合い」をつけていくのか、「受容していくのか」のプロセスを浮かび上がらせます。

> 折り合い

- □「○○をされたいのはなぜ（どうして）ですか？」
- □「○○と望まれる理由をおきかせいただけますか？」

家族などの「理由・根拠」を質問する

　家族の介護への理解と関わりの度合いを把握するために、家族などへの「理由・根拠」を問う質問はとても重要です。一方的な介護への思い込みやあきらめ、偏った知識のために「極端な誤解」をしている家族もいます。「どうしてそう思われるか、教えていただけますか？」の質問は、家族の本音を引き出す質問としてもとても効果的です。しかし、家族にとっては「痛い質問」や「踏み込まれたくない質問」もあるので、質問する内容によって目的を説明し、相手の了解をとってから行います。

> 痛い質問
> 踏み込まれたくない質問

❶家族の健康状態

　家族介護への不安が家族の健康状態からきている場合があります。最近

では子世代も高齢者となり老老介護が一般的になってきています。また家族も腰痛や関節リウマチなどの疾患に悩まされている場合もあります。

☐「介護をするうえで、ご家族の健康状態はいかがですか？」
☐「介護の中でどのような姿勢がもっともつらいですか？」

❷家族の介護力

同居・近距離・遠距離介護であっても、家族の介護力は「関わり方」に具体的に影響します。施設入所を希望する家族に「なぜ」の質問をすることで、その理由が入浴介助やベッドの移乗などの方法がわからない、未体験の介護に自信がない、自己流で身体を痛めた、仕事で疲れた体にはきついなどの家族の本音を導き出すことができます。

＞＞ 家族の本音

☐「介護をされていて、どのようなこと（とき）が負担になりますか？」
☐「なぜ食事介助（排泄介助）がつらいのか、その理由をお話しいただけますか？」

❸家族の関わり方

家族の関わり方にも子ども間で「微妙なちがい」があるものです。それが、後々の家族間調整の「ひずみ」となる場合もあります。信頼関係を構築することが前提となりますが、家族の関わりの「温度差」を質問することで、そうなってしまう理由・根拠を家族から引き出すこともできます。プライバシーに関わることもあるので、慎重にうかがうようにします。

＞＞ ひずみ

☐「ごきょうだいの介護の関わりで、なにか昔のしこりのようなものが影響していることはありますか？」
☐「○○さんがお母さんの介護を積極的になさる理由（どうしても消極的になってしまう理由）をおきかせいただけますか？」

私の質問フレーズ / My Question

☐ _____
☐ _____
☐ _____
☐ _____
☐ _____

オリジナルの質問をつくってみよう！

6 「どのように(手段、状況、状態)」を質問する(How)

アセスメントの中で行うのが、「できる・できない」「している・していない」の閉じた質問だけでは、手段・状況・状態を把握するためには何度も質問を繰り返すことになり、時間もかかり表面的にしか把握できません。閉じた質問は確認する質問であり、質問者が想定していないシチュエーションは浮かび上がってきません。アセスメントにおいて大切なのは、目的、理由とともに手段・状況・状態をとらえる「どのようにやっているか」の開いた質問（自由回答質問）です。

５Ｗ（いつ、どこで、だれが、なぜ、なにを）で確定された内容がどのように「展開するか」を把握するのが「How（どのように）」の質問です。

「手段」を質問する

「How」の中には「手段」として「どのように行ったか」をたずねる質問があります。利用者（家族）が、ある目的（意図）をもってどのような行動を起こしたのか、その手段を把握しましょう。

❶ADL：日常生活動作

ADL（日常生活動作）を質問する際には、本人なりの疾患・障害の状態、体力・痛み・つらさの症状を押さえながら、１日24時間の中でどのような手段・方法で行っているか、どのような工夫をし、どのように困っているのかを具体的に把握していきます。必要に応じて言葉だけでなく、実際に行為を行ってもらうこともよいでしょう。

やり方も、これまでの生活習慣の延長なのか、医師や看護師・ヘルパーのアドバイスによって行うようになったのかどうかも把握しましょう。

☐移動：「家の中（屋外）はどのように歩かれていますか？」
☐排泄：「昼間（夜間）はどのように工夫してトイレを済まされていますか？」
☐食事：「噛みやすいように、どの食材をどのように工夫して食べていま

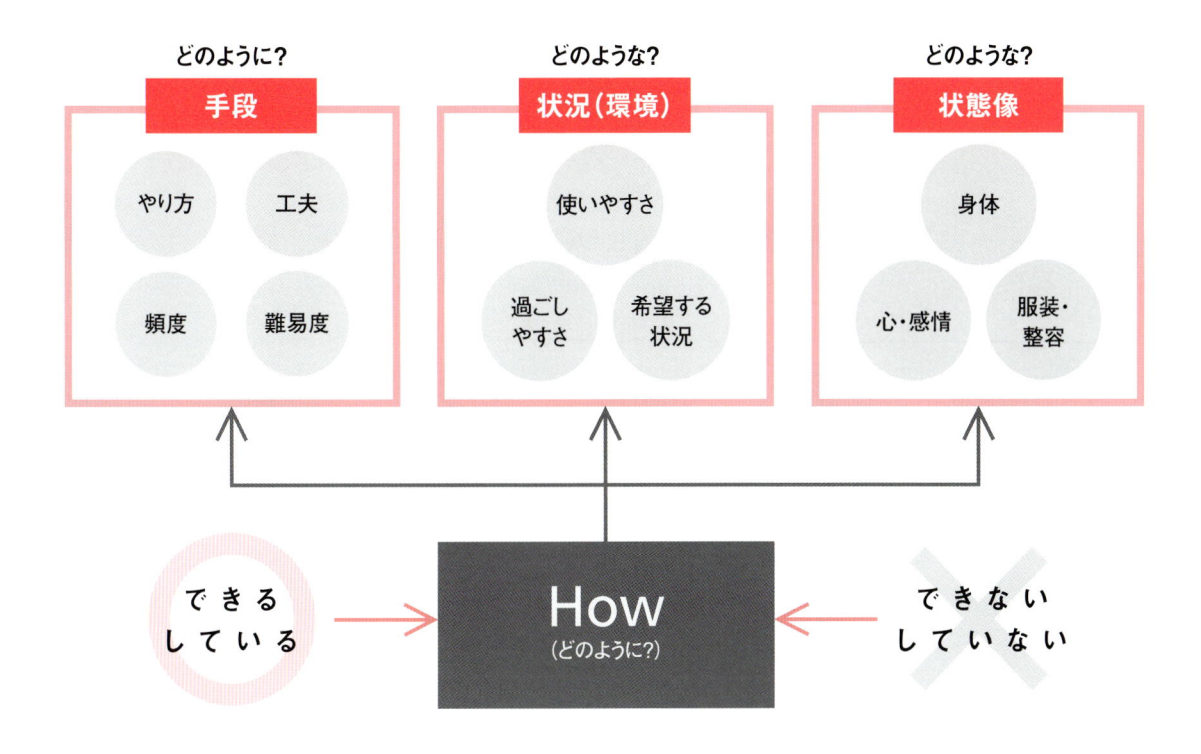

```
     どのように?              どのような?              どのような?
       手段                   状況(環境)                 状態像

   やり方   工夫              使いやすさ                   身体

   頻度   難易度        過ごし    希望する         心・感情    服装・
                      やすさ     状況                      整容
```

              ↑   ↑   ↑

  できる   →   **How**   ←   できない
  している   (どのように?)   していない
                                                      ✗

すか?」
□入浴:「身体を洗うときは、どのように洗っていますか?」

❷ IADL:手段的日常生活動作

　IADL（手段的日常生活動作）は、本人が身につけている「暮らしの力」と生活への意欲や認知能力などを関連づけながら質問を進めます。1日および1週間にわたる生活リズムの中でどのような手段・方法で行っているのか、どのような工夫をしているのか、頻度・かかる時間・体力（疲れ方）までを具体的に把握します。

　この場合もこれまでの生活習慣やこだわりなどに着目してアセスメントを進めるとともに、今後の生活の自立度と支援のタイミングを予測することが大切です。

□料理:「どのような調理道具を使ってどのように料理をされていますか?」
□掃除:「どの部屋をどのような道具を使って掃除をされていますか?」
□洗濯:「洗濯物ごとに、どのようなやり方で洗濯されていますか?」
□買物:「買った食材や日用品をどうやって持ち帰られていますか?」

❸ CADL:文化的日常生活動作

　CADLの文化的日常生活動作は、本人の趣味・人間関係、生きがいなど、「日常生活の楽しみ」に着目をして質問を進めます。1日から1カ月間、1年間にわたる暮らしの中で、どのような手段・方法で楽しんでいるのか、そのためにどのような工夫をしているのか、どのように生活のハリになっているのかを具体的に把握します。こだわりや楽しみ方を質問することで、

暮らしの力

*文化的日常
生活動作*

人柄や性格などを浮かび上がらせることもできます。
- 趣味：室内趣味（裁縫、絵手紙、俳句、囲碁、将棋など）、屋外趣味（散歩、土いじり、カメラなど）
- 関係：家族（息子、娘、孫）、友人（幼なじみ、クラス仲間、同僚、サークル、仕事仲間）
- 特技：仕事（仕事で身についた技術）、役割（家族、地域など）

「状況（環境）」を質問する

どのように行うか　「どのように行うか」の手段も、本人（家族）が置かれた「状況・環境」によって異なります。ここでは屋内・屋外・サービス利用時の3つに分けて「状況・環境」をどのように質問すればよいかを整理します。

❶屋内での状況

用途　屋内の場所には居間（くつろぎ）、台所（料理）、トイレ（排泄）、風呂（入浴）などのように「用途」があります。かつては何気なくできていたことも、要介護状態となると不自由さや痛みなどを伴います。本人と介護する家族は、「どのような状況と感じているか」を把握します。
- ☐「台所（トイレなど）はどのように使いづらくなりましたか？」
- ☐「台所（風呂場など）はどのように使い勝手がよくなればよいですか？」

❷屋外での状況

外出行為　屋外では、その状況・環境が本人の「外出行為」（社会参加）に直接影響します。道路、公園、商店街、役所、スーパーなどから、バス・電車・

利用環境　地下鉄などの交通手段と利用環境も把握しましょう。とくに虚弱・要支援高齢者の社会参加には、本人にとっての屋外の状況は重要な視点です。
- ☐「スーパーなどで、どのようなときがつらいですか？」
- ☐「どういう状況になったら外出が楽になりますか？」

❸介護サービス利用時の状況

環境には屋内・屋外だけでなく、通所介護や短期入所などサービスを利用する場所（環境）も含まれます。そこが本人にとって過ごしやすい（にくい）、使いやすい（づらい）、などは、生活にとって大切な要素です。なお、この環境には職員や利用者との人間関係なども含まれます。
- ☐「デイサービスがどのようになっていれば利用したいと思われますか？」
- ☐「ご自分なりにどのように利用されたいですか？」

「状態」を質問する

5Wが明確になり、どのような状況（環境）でどのように行うか「手段」が決まっていても、本人（家族）のそのときの身体や心の「状態」によっ

て、行えることやサービス提供側の配慮はかなり異なってきます。また、身体行為や心の意欲・ハリはそのときの服装・整容などの「状態」に影響します。利用者（家族）がかかえる「身体、心・感情」と「服装・整容等」を含めた幅広い状態像を浮きぼりにします。

❶身体の状態

　本人の疾患・障害など身体の状態に関する質問は、身体の可動域（動かない、動きづらい）、症状（痛い、だるい、つらい、しびれる）、時間帯（朝、日中、夕方、夜、深夜）や温度・湿度別に質問して把握しましょう。

☐「暑い夜などはどのように体調が悪くなりますか？」
☐「夕方になるとどのようにさみしくなるのですか？」

❷心・感情の状態

　疾患・障害すべてが本人（家族）の心・感情を決めるわけではありませんが、実際の行動には大きく影響します。心・感情など「気持ちの状態」を具体的に把握することで、本人が抱えるストレスや受容度、将来への不安などを把握することができます。

☐「ストレスがたまってくるとどのようになりますか？」

❸服装・整容等の状態

　高齢者が外に出かけない理由のひとつとして、服装・整容などができないことへの不満・気後れが原因の場合もあります。身体機能上は問題はなくても、なんらかの理由により心の積極性が阻害されてしまうことがあります。その状態を把握することで、個別的なサポートが可能となります。

☐「着替えはどのようにつらいですか？」

私の質問フレーズ
My Question

☐
☐
☐
☐
☐
☐

オリジナルの質問をつくってみよう！

7 「どうなった（結果）」を質問する（Result）

　「5W1H」は新聞記事などを書く際に必要不可欠な情報を伝えるための要素です。新聞記事では事件や結果が前提にあり、その説明方法として「いつ、どこで、だれが、なにを、なぜ、どのように」したのかが記事を書く際の視点として求められます。ですから、5W1Hの中には「結果」はありません。

　アセスメントにおいては、過去のことを質問することが多いだけでなく、モニタリングの際に利用者（家族）が行ったことで結果的に「どうなったのか」を把握し「評価」をする場面が多くあります。

　「〜ヵ月の期間に訪問介護で○○を○○のように行った」ことで、結果的に思ったよりうまくいったのか、短期目標通りにいかなかったのか、その「結果」が大切なのです。その結果に対して本人（家族）がどう思っているのかを把握することで、本人（家族）の状態像への理解は深まり、新たな課題（ニーズ）が浮き彫りになります。これら一連のプロセスを通じてケアプランや提供されたサービスの内容を「評価」することができます。

結果のレベル
変化のレベル

　「結果のレベル」と「変化のレベル」の2つの視点からアセスメントしましょう。

結果の「レベル」を質問する

　結果の「レベル」とは、利用者（家族）なりにやってみて「どうだったか」ということです。できる・できないの原因には、身体機能・体力・環境・意欲・人間関係から、介護サービスの内容、医療サービスの内容なども関わります。

　結果を把握することで、「なぜそうなったのか」の原因を抽出し分析することができます。結果のレベルをしっかりと把握することが、「正しい評価」につながります。

図

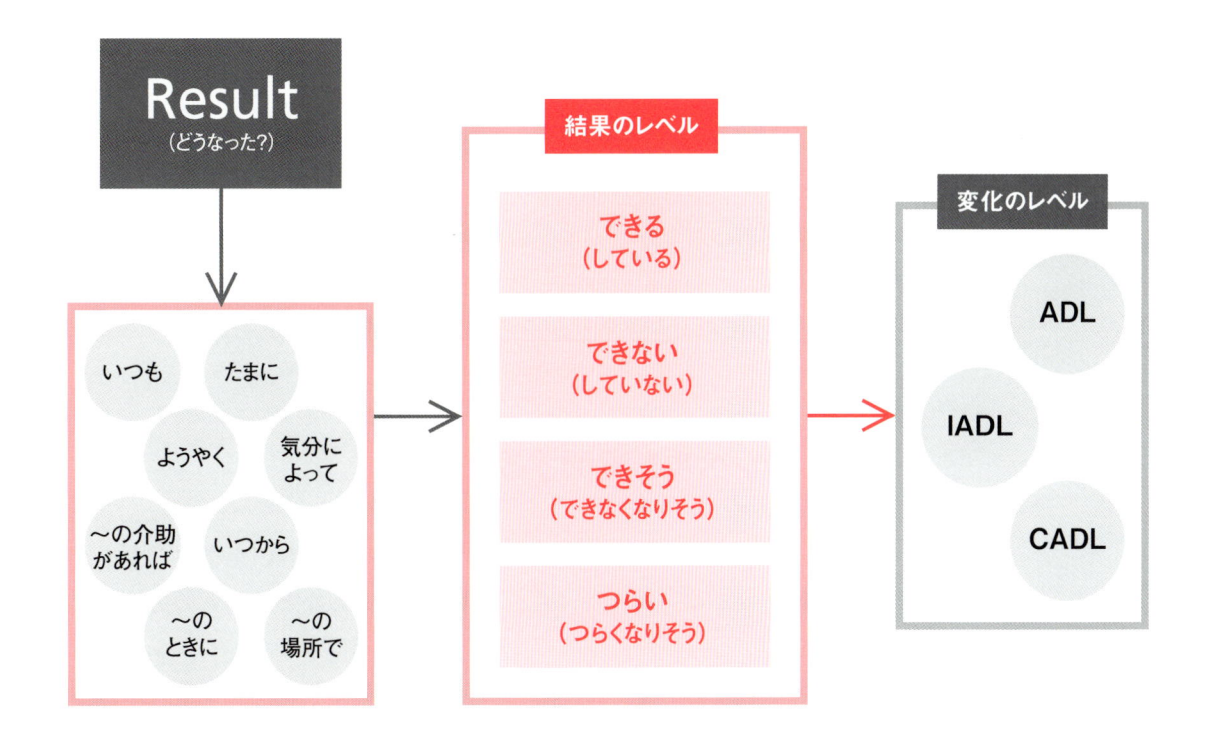

Result（どうなった?）

- いつも
- たまに
- ようやく
- 気分によって
- 〜の介助があれば
- いつから
- 〜のときに
- 〜の場所で

↓

結果のレベル
- できる（している）
- できない（していない）
- できそう（できなくなりそう）
- つらい（つらくなりそう）

→

変化のレベル
- ADL
- IADL
- CADL

---

❶「できる」レベル

　本人（家族）から「できる」と回答があっても、そのレベルは「いつもできる・たまにできる・ようやくできる・気分によってできる・介助すればできる」までさまざまです。できるようになった理由と時期なども、状態を把握するうえでは重要な情報です。また、本人はとまどっているのに家族が「できる」と言い張ってしまう場合もあります。かならず本人・家族双方に質問し、その話し方の「音色」やニュアンスまでも聴き取るようにします。

話し方の「音色」

□できる：「どれくらい（どの程度）できるようになりましたか？」
□たまにできる：「どのようなことがたまにできますか？」

❷「できない」レベル

　できるレベルと同様に本人（家族）から「できない」と回答があっても、そのレベルは「いつもできない・たまにできない・がんばってもできない・介助（工夫）してもらってもできない」までさまざまです。ケアプランに位置づけた課題や目標だけでなく、日常の生活そのものが、本人（家族）の体力や体調・心身の機能低下によって、できていたことが「できなくなる」場合が増えていくこともあります。また「していないこと」を「できない」と思い込んでしまっている（あきらめている）例もあります。

□できない：「どれくらい（どの程度）できなくなりましたか？」
□たまにできない：「どのようなことがたまにできないですか？」

❸「できそう」なレベル、「つらくなるだろう」のレベル

予知予見　　結果の把握で大切なのは、次なる状況への「予知予見」を行うことです。仮に「できない」という結果であっても、体力・工夫・環境・関係の改善やアドバイス、サービスの新たな導入などを行うことで「できる」につなげていく可能性を探る視点が重要です。

また一方で「つらくなるかもしれない」の視点で質問を行い、先々への予後予測と本人（家族）に「気づき」を促すことも重要です。
- できそう：「どのような条件がそろえばできそうですか？」
- つらくなりそう：「先々、どのようなことがご心配ですか？」

「変化」のレベルを質問する

「できる・できない」の質問はかなりおおざっぱともいえます。食事が作れないといっても、調理法（焼く・蒸す・炒めるなど）のどの方法がどのようにむずかしいのか、その程度はさまざまなはずです。レンジを使った簡単調理ならできるかもしれません。「入浴ができない」と本人が言っても、「服が脱げない、身体がふらつくのでこわい、浴槽がまたげない、身体・髪が洗えない」などの心身の行為に分解しないと、その原因は見えてきません。

大切なのは、具体的に行うことで結果的に「どのような生活の変化が生まれているか」を本人（家族）の言葉で語ってもらうことです。さらに、身体にかかる負担（痛い、だるい、重い、つらいなど）と心の負担（おっくう、面倒など）がどのように軽減しているかも把握します。

❶ADL：日常生活動作

ひとまとまりの行為群　　ADLなどの基本的生活行為は、細かい身体動作が集まった「ひとまとまりの行為群」です。目的とする生活行為がどの程度行えて、日常生活でのその時々の目的が達成できているのか、どの身体行為がどの程度行えているか、それがどのように影響しているかに着目します。
- 移動：「公民館の手すりを使って目的の部屋まで移動できましたか？」
- 整容：「一人で髭そりをやるようになって朝の気持ちはどのように変わりましたか？」「ご家族が髭そりをされるときはどのような苦労がありますか？」
- 食事：「やわらかめの筑前煮はどれほど食べることができましたか？」
- 入浴：「シャワー椅子を使ってお母さんの身体をうまく洗うことはできましたか？」「ご自分で髪はどの程度洗えるようになりましたか？」
- 排泄：「ポータブルトイレを使ってうまく排泄できるようになりましたか？」

❷IADL:手段的日常生活動作

　IADL（手段的日常生活動作）は、ADLに比較してさらに複雑です。その範囲、場所、道具類も広範で、そのそれぞれに本人の能力（体力、認知力、経験、習慣、こだわりなど）が深く影響します。できる・できないだけでなく、行ったことにより本人（家族）の中に起こった「変化」に着目し、それを本人（家族）とケアチームの自信にすることが大切です。　　　　　　　「変化」に着目

- ☐料理：「どのようなメニューをどんな調理道具で料理できましたか？」
- ☐掃除：「どの部屋をどんな道具を使って掃除ができましたか？」
- ☐洗濯：「どの洗濯物ごとに、どのようなやり方で洗濯されていましたか？」
- ☐買物：「食材や日用品をどのような方法で持ち帰られましたか？」
- ☐服薬：「お薬はどのようなやり方で飲めるようになりましたか？」

❸CADL:文化的日常生活動作

　CADLの文化的日常生活動作の質問は「楽しさ」に直接つながる質問です。日々の暮らしや1週間・1カ月間の中で、自分なりのやり方や工夫で試みた「趣味の行為」が沈みがちの暮らしに変化をもたらし、新たな「生きがい」となる場合があります。　　　　　　　　　　　　　趣味の行為

　思った以上にうまくできるものもあれば、心身の機能低下のために、かつての実力以下にしか作品が完成しないこともあります。その哀しさ・残念さも含めて心の変化を把握します。

- ☐趣味：「○○の趣味はどのくらいやれるようになりましたか？」
- ☐関係：「どなたと○○をされて、うまくやれるようになりましたか？」
- ☐特技：「以前、得意だった○○はどれくらいできるようになりましたか？」

私の質問フレーズ
My Question

- ☐
- ☐
- ☐
- ☐
- ☐
- ☐

オリジナルの質問をつくってみよう！

8 「願い」を質問する（Wish）

　私たちはどうして「行動」（例：食事、入浴、排泄、移動など）を起こすのでしょうか。そこにはそれぞれの目的（例：○○を食べたい、○○へ行きたい、○○を観たい）があります。しかし目的とは願いをかなえるための「部分」です。部分を人生全体と勘違いしてはいけません。排泄がコントロールできることは大切な目的ですが、その目的が実現することで、友達とのミュージカル鑑賞や懐かしのレストランでの楽しい食事を楽しめることが大切なのです。排泄のコントロールができるから「友だちと観劇し、楽しいお喋りの時間を月1回はつくる」という「望む生活」が可能となるのです。

望む生活

　ところが心身が機能低下する現実を前にして、多くの利用者やその家族は、だれもが当り前に抱く「願い」を忘れ（あきらめ）、最低限のADLやIADLの実現を目的としていないでしょうか。

　「望む生活」を支える多くの具体的な「願い」を本書では「Wish」ととらえ、本人と家族が抱く「願い（Wish）」を導きだす質問に着目します。

「望む生活」を支えるのが個人の「願い」

　健康な高齢者の中で、「望む生活」を新たな人生へのチャレンジとする人はいます。「アンチエイジング」のブームの下、高齢期になっても海外ボランティアや農のある暮らしなど積極的な人生をエンジョイする層は団塊高齢者層を中心に増えています。

アンチエイジング

　一方、要介護状態や重い疾患を持った高齢者は、華やかな「新たなチャレンジ」ではなく、「望む生活」の基本が「健康だった頃の生活」や「なじんだ暮らし」の継続となります。その中で、「いつか実現したい夢」（例：海外旅行）を行動に移すために「残された時間」をかける人もいれば、ささやかでも自分の特技（例：習字、演奏、園芸、料理）をもとにボランティアとして地域に貢献したいと行動を始める人もいます。いずれの「願い」も、

なじんだ暮らし

残された時間

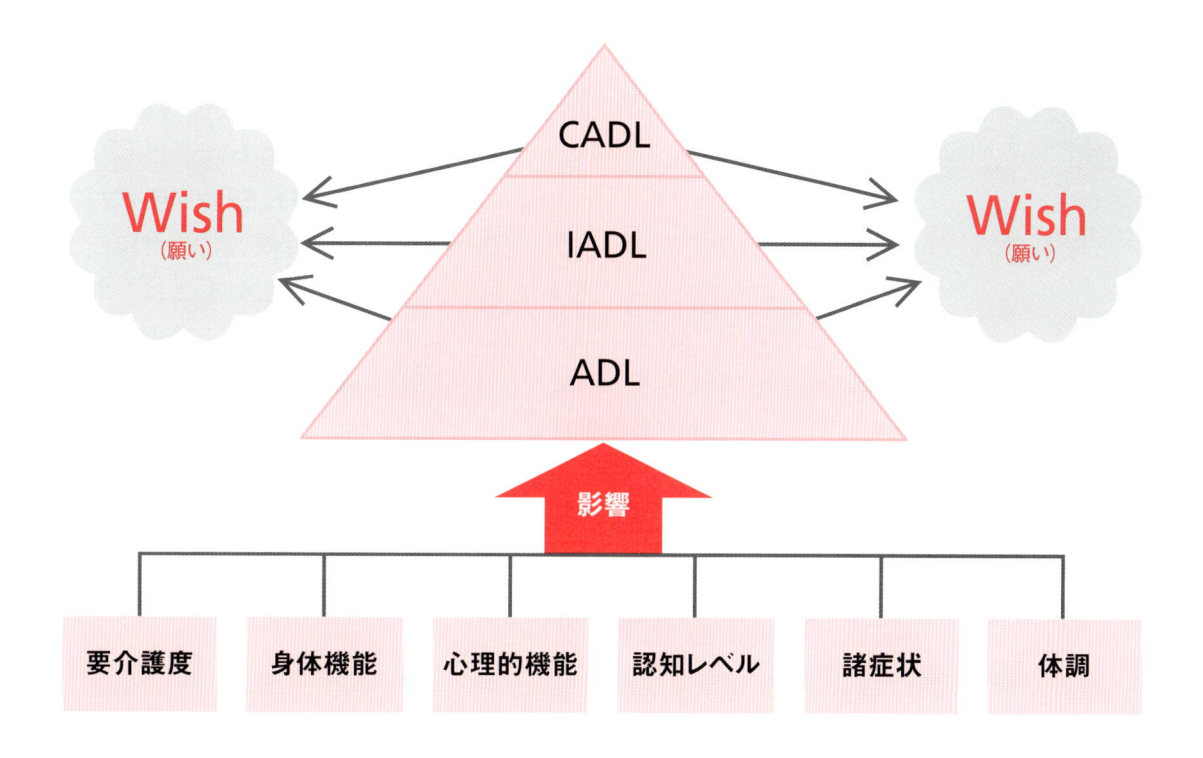

```
        CADL
   ←         →
Wish         IADL         Wish
(願い) ←         → (願い)
   ←         →
         ADL
           ↑
         影響
```

| 要介護度 | 身体機能 | 心理的機能 | 認知レベル | 諸症状 | 体調 |

歩んできた人生の中に「答え」があります。

❶ADLの向こうにある「Wish」……自立した日常生活

　ADLはふだんの生活では「当たり前」に行われている行為です。排泄・食事・就寝・入浴・整容は生活リズムに関わるものであり、どれにも「移動」という行為がともないます。ADLの自立（介助含む）をとおして、どのような生活スタイルに戻したいのか、どのような生活スタイルを楽しみたいのか、本人（家族）のWish（願い）を語ってもらいましょう。　　　　　　　　　　　生活スタイル

☐移動：「もう少し足腰がしっかりしたら、ご家族の方とどちらに歩いて行かれたいですか？」
☐食事：「またお友だちと一緒に食べてみたい食事はなんですか？」
☐排泄：「排泄の心配がなくなれば、どちらに行かれたいですか？」
☐入浴：「ご自分としてはどのような入浴を希望されますか？」
☐就寝：「ぐっすりと眠れるようになれば、何を始めたいですか？」

❷IADLの向こうにある「Wish」……自立した日々の「暮らし」

　IADLの多くは女性にとっては「なじみの暮らし」で行ってきたことばかりです。反面、男性高齢者にとっては、いままでは母・妻にもっぱら「やってもらう」ことでした。このように、それぞれがIADLに抱く「願い」には性差や個人差があります。自立した日常の「暮らし」を実現することで「取り戻したい暮らし」を具体的に導きだすようにします。なお、男性　　取り戻したい暮らし
高齢者には自分なりの暮らしぶりをどう考えているか、これからどうしたいと思っているのか、時には本音に迫る質問を投げかけてみることも効果

的です。
□料理：「お孫さん（子ども）に食べさせたいのはどのような料理ですか？」
□掃除：「お部屋がきれいになったら、どなたをご招待したいですか？」
□洗濯：「きれいに洗った服を着て、どこにお出かけされたいですか？」

❸CADLの向こうにある「Wish」……個性が尊重される「マイライフ」

ライフスタイル
（生活様式）

ADLもIADLもCADLを支える基盤ですが、一方でCADLが暮らしそのものという人（例：料理が生きがい）もいます。CADLとは、本人それぞれのライフスタイル（生活様式）であり、「生活の楽しみ方」ですから、他人との比較は無意味です。本人が抱く人生や自分へのこだわり、個別性あふれる「願い」を尊重し際立たせるのが「質問の力」です。
□生活の楽しみ：「○○の趣味をどのように楽しまれていますか？」
□こだわり：「おしゃれにどのようなこだわりをお持ちですか？」

「Wish」は要介護度、機能レベル、認知レベル、症状・体調で変化する

本人が抱いた「願い」も、本人の心身機能レベル、認知レベル、症状・体調、感情・気持ちで変化します。改善すれば可能性が広がり、「だったら○○もやってみたい」「いまのうちに○○に行ってみたい」と本人（家族）に積極性が生まれる一方で、機能低下や重度化によりあきらめ感が湧いてきて、「もう○○なんて望まない」「とても○○なんて無理だ」と消極的になったりもします。本人（家族）の「願い」をあらかじめ把握し、状況に応じた「可能性探し」（どうすれば実現に近づけるか）を本人（家族）とともに行いましょう。

❶要介護度の「軽度・中度・重度」で変化する「Wish」

利用者の状態像（要介護）の変化により変わるのは、利用できる支給限度基準額とサービス種別と回数です。介護保険サービスの利用により可能となっているひとり暮らし生活や同居介護・老老介護にどのような影響が生まれ、「願い」にどのような変化があるかを把握しましょう。
□「要介護○となり、ご自分で何を始められたいと思いますか？」
□「要介護○となり、家族としてお母さんをどのような支え方をしたいとお考えですか？」

❷心身機能の「改善・低下」で変化する「Wish」

心身機能の改善は本人（家族）に積極性をもたらします。外出歩行が回復することで「○○美容院に行きたい」「○○に再会できる」などの「願いの広がり」が生まれます。一方、心身機能の低下は消極性といらだち、そして将来への不安を招きます。たとえ機能が低下していたとしても、あきらめきれない「願い」に着目することが大切です。
□改善：「楽になることでどのようなことをやりたいと思われますか？」

□低下：「つらくても、○○することはやりたい（やり続けたい）ですか？」

❸認知レベルで「変化」する「Wish」

　認知症は本人の記憶や生活習慣、対人関係に「歪み」をもたらす疾病ともいえます。そのレベルに応じて本人の「願い」はかなり動くことを覚悟して関わる必要があります。質問の対象者も、本人だけでなく家族の比重が増えてきます。初期段階では「できることの維持、やれることの広がり」がテーマとなりますが、中期段階では「できていたこと、記憶できていたこと」への焦燥感・不安感を含めた「本人の願い」が中心となります。重度の段階では本人の人格にも著しい変化があらわれ、コミュニケーションもかなりとりづらくなります。本人が抱いていた「過去の願い、生活の喜び」などとともに、家族が抱く「願い」を導き出します。

□初期：「○○さんが続けていきたいこと、自分なりにやりたいことはどのようなことですか？」

□中期：「○○さんがうれしい（楽しい、悲しい、むずかしい）と感じることはどのようなことですか？」

□重度：「ご家族として、○○さんのどのような願いをかなえてあげたいと思われますか？」

> 「歪み」をもたらす疾病
>
> 本人の願い

❹症状・体調のレベルで「変化」する「Wish」

　人の願いはとてももろく揺らぎやすいものです。つらい痛みやいつも続くだるさが本人（家族）の願いを消極的・後ろ向きにします。症状・体調は1日の時間帯や温度・湿度、季節によって常に動いています。本人の願いがいかに「変化している」かを把握します。

□良い：「体が楽になると、どのようなことがしたくなりますか？」

□悪い：「体がつらいと、排泄と入浴、どちらがおっくうになりますか？」

□不安：「不安でいっぱいになると、どのようなことが怖くなりますか？」

私の質問フレーズ / My Question

□ ……
□ ……
□ ……
□ ……

オリジナルの質問をつくってみよう！

第 3 章

質問の「使い方」
質問の「組み立て方」
応えの「読みとり方」

ケアマネジャーの質問が1つの疑問文で完結することはめったにありません。
ケアマネジャーが知りたいことに到達するためには、
複数の疑問文を組み合わせる必要があります。
この章では、質問という道具の「使いこなし方」を学びます。

第1節　質問の「使い方」

第2節　質問の「組み立て方」

第3節　応えの「読みとり方」

第 1 節

質問の「使い方」

1 質問のルール
2 質問の基本形:「閉じた質問・選ぶ質問・開いた質問」
3 内容:「広げる質問・深める質問」
4 時間:「これまでの質問・これからの質問」
5 客観・主観:「事実をきく質問・意向をきく質問」
6 職務・本人:「聞くべき質問・話したい質問」

1 質問のルール

回答モード　　質問をされると誰しも自動的に「回答モード」に導かれます。その質問がすぐに答えられる内容なら、「間」をおかずに質問者に回答が提供されますが、話しにくい・話せない内容ならば、相手は躊躇したり沈黙したり、回答を拒む行為に出ることになります。あるいは知らない・記憶にないと「虚偽の態度」をとることになります。

質問は「矢」　　質問は「矢」のようなものです。標的は相手の心です。相手の心に突き刺さるからこそ、質問には「ルール」、あるいはマナーが求められます。

最初に「質問の目的(理由)」を述べる

質問の意図(真意)　　人は質問をされると、その質問の意図(真意)を一瞬に読みとろうとします。その意図が読みとれないと頭の中に「疑問」が湧き上がります。
- 「何をこの人は知りたいのだろう？」
- 「なぜそのようなことを話せというのだろうか？」
- 「この人は私に何を話させたいのだろう？」
- 「この人は私の話(気持ち)を理解できているのだろうか？」
- 「質問をしている人は何者なんだろう？」
- 「このような場所でそのようなことを答えろというの？」

尋ねる理由
質問の根拠
　　質問とは往々にして「主観的」なものです。主観的だからこそ、質問者自身には「尋ねる理由」が明確であっても、質問される方としては「質問の根拠」がわからなければ、回答に躊躇します。むしろ質問によっては、相手の知識レベルや教養、認知レベルを測るようなものもありますから、質問されるほうは自然と自己防衛的な態度になってしまうこともあります。

質問の目的(理由)を言わない場合、知識・情報を得たい質問には、相手が「いまさらそんなことも知らないのか、わかっていて当然だろう」と思う場合があり、意見・意向を知りたい質問には「それをどうして言わなくてはいけないのか」ととまどうこともあります。

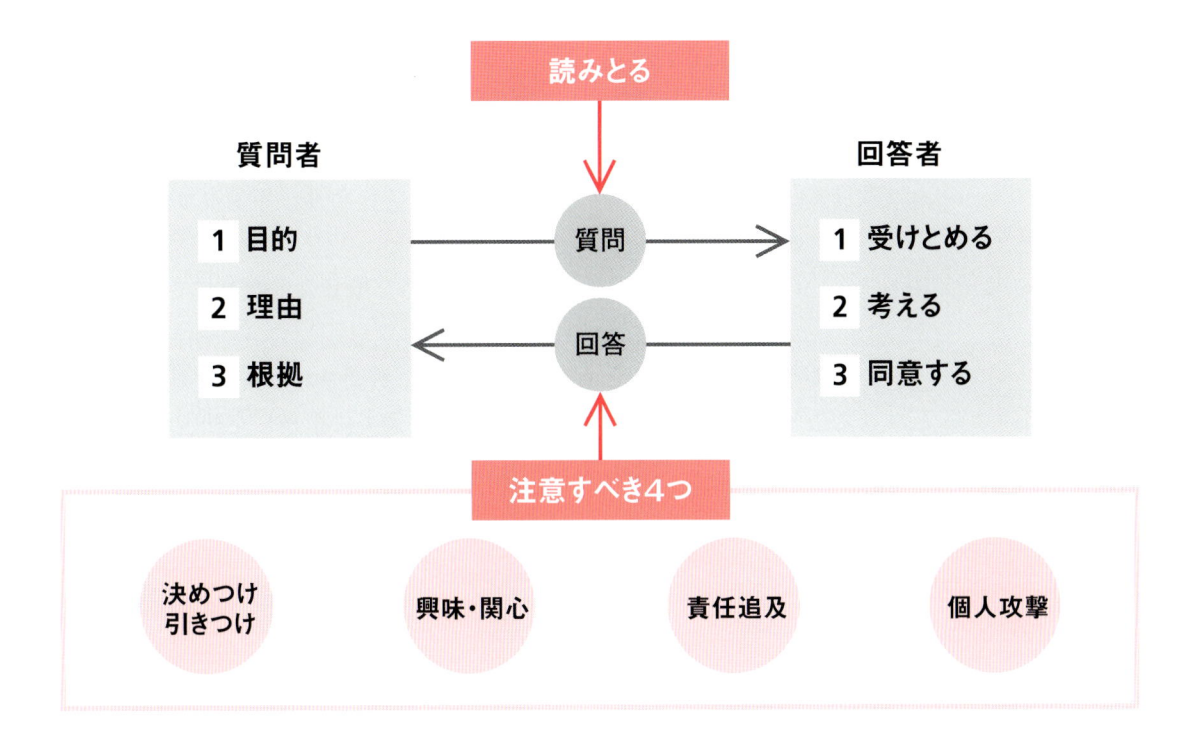

```
         読みとる
          ↓
質問者           回答者
1 目的   →  質問  →   1 受けとめる
2 理由           2 考える
3 根拠   ←  回答  ←   3 同意する
          ↑
       注意すべき4つ

  決めつけ    興味・関心    責任追及    個人攻撃
  引きつけ
```

相手への「配慮」を示す

　利用者の基本情報に関する質問は、利用者（家族）にとってはとまどうことのある内容が多くあります。介護保険サービスを利用するのに、どうして生活歴や家族の人間関係、経済状態等まで話さなければならないのか、事前に質問する理由だけでなく、どのように活用され、どのように守られるか（守秘義務）を述べることは、個人情報とプライバシー保護の点からも重要です。そして、話しにくい内容も含まれるからこそ、時間をかけてもよい場合があることをあらかじめ話すようにします。　　　　　守秘義務

☐「お答えにくい質問をさせていただきますが……」
☐「いますぐでなくてよいのですが……」
☐「次回のモニタリングまでにお返事をいただければよいのですが……」

　このような「配慮ある言葉」は、つらい質問をやわらげ、相手に安心感と信頼感を生むことになります。　　　　　　　　　　　　　配慮ある言葉

「決めつけの質問」「引きつけた質問」はしない

　私たちは相手に質問する際に、なんらかの予測にもとづいて行います。「76歳の男性、貧しい家の育ちで6人きょうだいの長男、妻は2年前に他界し独居、元の職業が教員、脳梗塞と糖尿病で要介護3、軽い認知症の症

決めつけた質問　状あり」という情報を事前に入手していたとしても、一方的に「決めつけた質問」をしてはいけません。

- 独居：「お一人でさみしいときはどうされていますか？」
「他の方との連絡はまったくとられていないのですか？」
- 教員：「いまでも教え子の同窓会に招待されたり、年賀状が届きますか？」
「いまでは教え子の方たちとは連絡を取り合ったりはされていないのですか？」

このように決めつけをともなった質問は、質問された側に不快な思いをさせることがあるので注意します。たとえ、過去に担当した独居の方が「さみしい」と言っていたとしても、目の前にいる利用者もそう感じているとはかぎりません。

自分の「予測」をまじえた質問をする場合は、質問する際に「違っていたらご指摘いただきたいのですが……」と、あらかじめことわりを入れてから尋ねると、利用者（家族）も訂正の言葉が言いやすくなります。

引きつけた質問　とくに、相談援助職である自分の境遇や個人的事情に「引きつけた質問」は、業務の範囲を超えてしまいがちです。相談援助職とはいえ、個人的な悩みやつらさを誰かに吐露したい衝動はあるでしょう。また同じような境遇の人に個人的な心情を見せることで共感的な関係づくりをしたいと思うかもしれません。しかし、あくまで利用者（家族）は「支援をする対象」であり、個人的な共感をしてもらいたい「対象」とはなりえないこと、相手も求めているとはかぎらないことを十分に理解し、**節度ある行動**をとるように注意が必要です。

☐「実は私も同じような経験をしているので、ちょっと質問してよいでしょうか？」
☐「私も父から同様の○○の態度をとられてとても嫌で、いまでも好きになれません。○○さんはどうやって耐えられたのですか？」

自分の「興味・関心」で尋ねない

業務として質問　アセスメントにおいて利用者（家族）が回答するのは、業務として質問をしている「専門職」に答えているのであって、質問している「個人」に回答しているわけではありません。

自分の興味・関心　しかしながら、利用者（家族）のプライベートな事情は個人としても興味がそそられるものもあり、つい自分の興味・関心で尋ねてしまいがちになります。それでは本来の専門職としての「**立ち位置**」を逸脱することになります。自分が興味のある趣味や職業に関する質問ばかりが続くと、利用者（家族）にとっては違和感を感じることになります。

- □「○○の仕事をされた方の話、私も以前からとても興味があって質問したいのですが…」
- □「○○さんの趣味のことで個人的にすごく興味があるので、質問してよいでしょうか？」

質問を「責任追及」「個人攻撃」の道具としない

　利用者の服薬ミスや嚥下事故、あるいは屋内での転倒などが起きた場合、リスクを分析するための質問を利用者（家族）にすることになります。このとき、原因を追究する質問が「責任」を追及する質問になってしまうと、相手を追いつめてしまいます。とくに事故や不測の事態について原因を分析するために行う質問は、利用者（家族）や関係者にとっては気の重い問いかけになりがちです。質問者自身も問われる側も、ともに感情的にならない配慮が必要です。

追究する質問

- □「これからさせていただく質問は、○○さんの責任を追及したりするものではなく、起こった事実を明らかにし、今後の対策を考えるための質問ですので、ご安心ください（ご協力ください）」

　このように、最初に質問の目的と配慮の言葉を伝えることで、本人は心を開いて話しやすくなります。質問には相手を「追いつめる危険性」があることを十分に理解しておきましょう。

追いつめる危険性

私の質問フレーズ / My Question

- □ _____
- □ _____
- □ _____
- □ _____
- □ _____
- □ _____
- □ _____

オリジナルの質問をつくってみよう！

2 質問の基本形：「閉じた質問・選ぶ質問・開いた質問」

　質問にはさまざまな種類があると思われていますが、基本的には次の3種類が基本となっています。
- 閉じた質問（クローズド・クエスチョンン）
- 選ぶ質問（セレクト・クエスチョン）
- 開いた質問（オープン・クエスチョン）

　この3つの質問手法はあらゆる質問の基本形であり、使用する目的や状況に応じて「表現」が変わるだけともいえます。

　質問手法では、この3種類の特徴と使い勝手を理解し、相手の状況によって使い分け、うまく組み込む・組み合わせることで、利用者（家族）からさまざまな情報や考え方、本人（家族）の意向などを導き出すことができます。

「閉じた質問」──意向・事実・存在が明確になる

イエス・ノー質問

　閉じた質問とは「はい・いいえ」で答えることができる質問で、「イエス・ノー質問」といわれることもあります。具体的には次のような質問です。
- 「あなたは昨日、山に登りましたか？」
- 「あなたは食事をしますか？」
- 「冷蔵庫にトマトはありますか？」

5W1H

　このように「5W1H」（いつ、だれが、どこで、なにを、なぜ、どのように）の疑問詞がない質問です。「はい・いいえ」で答える質問は区別が明確につく、答えをすぐに出してもらえる利点があり、相手にとって答えやすい質問でもあります。

　ところが、閉じた質問では状況や理由、根拠を相手に語らせることはできません。聞き手が相手の状況を想像し、無数の例を引き合いに出しながら「確認」をとっていく閉じた質問の流れでは、会話の深みをだすのはむずかしいといえます。

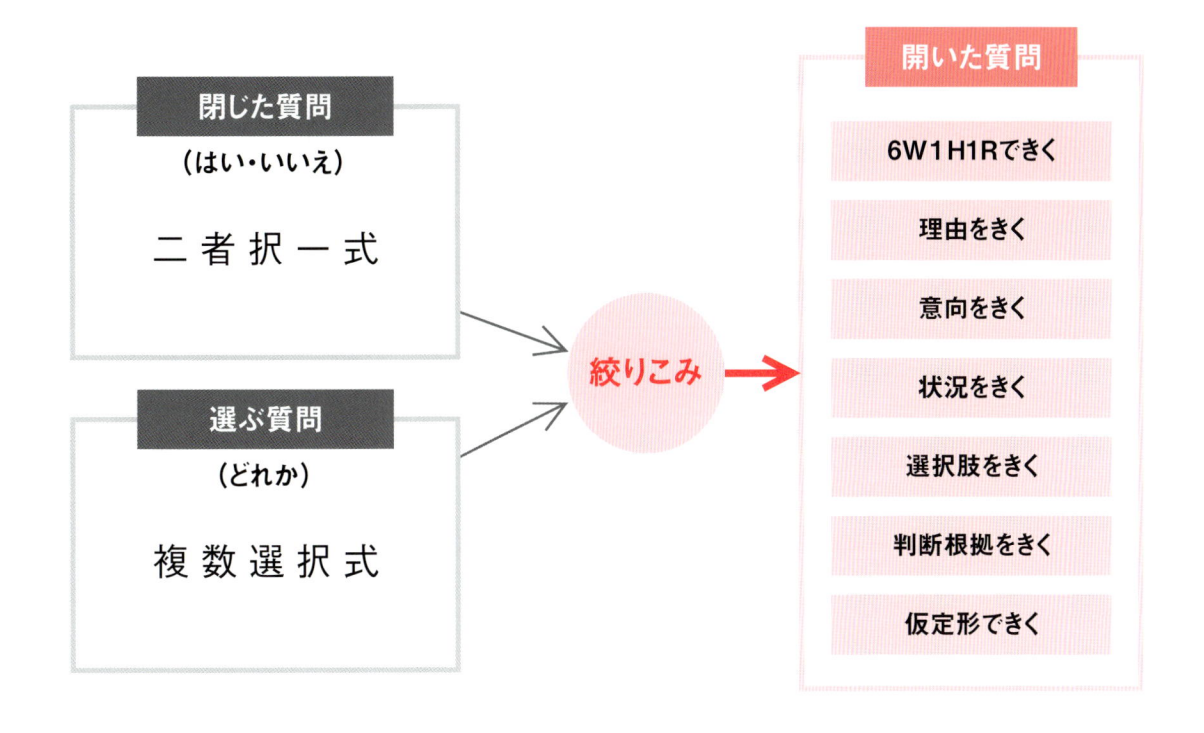

第3章 質問の「使い方」・質問の「組み立て方」・応えの「読みとり方」

```
┌─────────────────┐
│  閉じた質問      │
│ （はい・いいえ） │
│                 │
│   二者択一式     │
└─────────────────┘
                    ↘
                     ( 絞りこみ ) →  ┌─────────────────┐
                    ↗                │   開いた質問     │
┌─────────────────┐                  │                 │
│  選ぶ質問        │                  │  6W1H1Rできく    │
│  （どれか）      │                  │  理由をきく      │
│                 │                  │  意向をきく      │
│   複数選択式     │                  │  状況をきく      │
└─────────────────┘                  │  選択肢をきく    │
                                     │  判断根拠をきく  │
                                     │  仮定形できく    │
                                     └─────────────────┘
```

　また印象としては効率的なようですが、具体的なことを知るためには質問者がいちいち問いかけることは手間がかかり、非効率的です。質問者が主導権を握りがちになるので、面白くない質問や的外れな質問が続くとやりとりが面倒になる、つまらなくなるという「限界」があります。

的外れな質問

「閉じた質問」──意外と答えづらいときもある

　質問の「意図」の説明がなければ、「閉じた質問」は実はかなりわかりづらいことがあります。相手の回答が「ええ、まあ」といったあいまいな反応になりがちです。
- 「お元気ですか？」（なにが元気かがわからない）
- 「大丈夫ですか？」（なにが大丈夫かがわからない）
- 「なんとかできそうですか？」（なんとかの意味と範囲が不明確）

　これを「どのあたりが痛いですか？」「どのような不安がありますか？」「やれる自信はありますか？」と具体的に症状や本音を「開いた質問」で尋ねられたなら回答もできます。しかし、「元気、大丈夫、なんとかできる」という決めつけの表現を先に言われてしまうと、回答に「躊躇」が生まれてしまうことになります。

　ネガティブな状態におかれた本人（家族）に「ポジティブ」な面から念押しの確認質問をするのは、単に援助者側が「とりあえず安心したい」だけの場合もありますので、注意が必要です。

「選ぶ質問」──「3〜4つの中から選ぶこと」で選択の幅を広げる

　「選ぶ質問」とは、「閉じた質問」の変形です。「はい・いいえ」では1つの質問に対して白黒を明確にすることしかできません。しかし「AとBとCの中では、どれですか？」と選択肢を示す質問をすることで、相手の意向により早く到達することができます。質問の前に「枕詞（まくらことば）」をつけると、回答者はさらに選びやすくなります。

枕詞

- □「AとBで、とりあえず無理なく取り組めるのはどれですか？」
- □「AとBとCの中で、いま、もっともやってみたいことはどれですか？」
- □「AとBとCとDの中で、ここ1ヵ月ならがんばれそうなことはどれですか？」

　枕詞では、いまの時点での動機や行為のたやすさ、取り組める期間など、「小さなステップ」を示すことが効果的です。

　一般的に「何がいいですか？」と広く曖昧な質問をされるより、「○○と○○では、どちらがよいですか？」と例示されたほうが、答える側は絞りこむことが容易にできます。この「選ぶ質問」の効果をうまく使い、その回答からさらに「深める質問」（次項）へと掘り下げていくこともできます。

深める質問

- □ADL：Q「トイレでは排尿と排便、どちらがお困りですか？」
  　　　　A「どちらかというと排便ですね」
- □Q「着衣が下ろせないのか、膝を曲げることができないのか、あるいはもっと他に理由がありますか？」
- □IADL：Q「炊事では料理と片づけ、どちらがつらいですか？」
  　　　　A「片づけが以前から苦手なのよ。油ものは落ちにくいしねぇ」
- □Q「食器類の中で片手で持ちづらくなったものはどれですか？」
- □介護：Q「訪問介護では洗濯と掃除、どちらを主にお願いしたいですか？」
  　　　　A「もちろん洗濯ですね。部屋は時間かければ掃除できるしね」
- □Q「おもに汚れがちになるのはどのようなものがありますか？　たとえば下着ですか？　それともパジャマですか？」

「開いた質問」──意向、考え、仮定できく

　「開いた質問」は相手に自由に考えさせたり答えてもらうときに役立ちます。質問によって相手の意向や考え、状況を引き出すこともできます。また意外な質問や仮定の質問をすることで、本人が「新しい発見」（思ってもみなかった発想）をすることもあります。

新しい発見

- □理由：「どうして〜なのか、聞かせてくれますか？」

- ☐意向:「〜についてどうしたいと思われますか?」
- ☐状況:「〜の件はどのようなことだったか、説明してもらえますか?」
- ☐選択:「〜するかわりに、どのようなことができますか?」
- ☐判断:「〜とどうして思われたのですか?」
- ☐仮定:「もし〜とするなら、どうされますか?」

このように、知りたいことを「質問」というスタイルで投げかけることで、「必要な情報」を引き出すことが可能となります。

ただし「広すぎる質問」(例:介護サービスをどう思いますか?)はどのようにでも答えられるので、質問の目的を明確にしないと相手がとまどってしまい、尋ねた側の目的に沿った回答が得られなくなるので注意が必要です。

広すぎる質問

「開いた質問」──6W1H1Rできく

「開いた質問」の良い点は、ひとつの質問で「全体像」を浮かび上がらせることができることです。実践の場面での使い方としては、相手が話す内容を6W1H1Rを意識しながら尋ね、話の内容の中で不足している部分や曖昧な部分を、さらに「疑問形」(〜はどういうことですか?、〜ですか?)で質問します。相手の話がわかりづらい、もうひとつピンとこない印象を持ったなら、6W1H1Rの視点から内容を頭の中で「洗い直し」をするとよいでしょう。

疑問形

洗い直し

具体的に次の例で考えてみましょう。

例:「昨日、高室君が倒れました!」

- ☐「昨日の何時頃、高室君は倒れたんですか?」(When:時間)
- ☐「どこで高室君は倒れたんですか?」(Where:場所)
- ☐「倒れたのは高室君だけなんですか?」(Who:主語)
- ☐「高室君は何をしていたんですか?」(What:内容)
- ☐「なぜ、高室君は倒れたんですか?」(Why:理由)
- ☐「高室君は、どのようにして倒れたんですか?」(How:状況)
- ☐「高室君は、そのときどうしてもらいたかったのですか?」(Wish:望み)
- ☐「高室君は、その後どうなりましたか?」(Result:結果)

まずは耳に入ったフレーズから「足りない情報」を特定し、相手に質問することから全体像を把握することができます。

足りない情報

3 内容:「広げる質問・深める質問」

アセスメントを進めていくなかで、情報と情報がつながることで全体像が浮かび上がってきます。しかし、利用者（家族）の話を一方的に聞いているだけでは、話の筋道が複雑になり、全体像が「わからない」「雲をつかむような状態」になることが往々にして起こりがちです。

雲をつかむような状態

このような状態に陥るのを避けるためには、全体像を俯瞰するための「広げる質問」と着目点を掘り下げるための「深める質問」の2種類を意識して使いこなしましょう。

「広げる質問」──全体像を浮かび上がらせる

こぼれた言葉

「広げる質問」とは、あるひとつの話題や相手からこぼれた言葉（キーワード）を聞き流さずに、それらに着目し、具体的に広げることで全体像を浮かび上がらせる質問方法です。

アセスメントにおいて利用者（家族）は詳細に自分の状況は話せません。話をしてもそれはいま自分がわかっている（認識している）状況であり、過去にまでさかのぼり、聞き手にわかりやすい話し方をする方はまれです。相談援助職者が、「ここはもう少し広げてみよう」と例を示しながら広げる質問をすることで、全体像を語ってもらうことが可能となります。

- ☐「いま話された、奥さんへのイライラする気持ちをもう少し詳しくお話しいただけますか？」（感情、ストレス度）
- ☐「家事はなんとかがんばるとおっしゃられましたが、具体的には料理や洗濯など、まず何ができそうですか？」（IADLの自立度）
- ☐「先ほど話題にのぼったご親族以外で、先々を考えて協力をいただける方はほかにどなたかいらっしゃいますか？」（家族関係）
- ☐「足腰がよくなれば外へも行けるとお話しされましたが、出かけるときに家の周囲のどこでふらついたりされるのか、もう少し詳しく教えていただけますか？」（住環境）

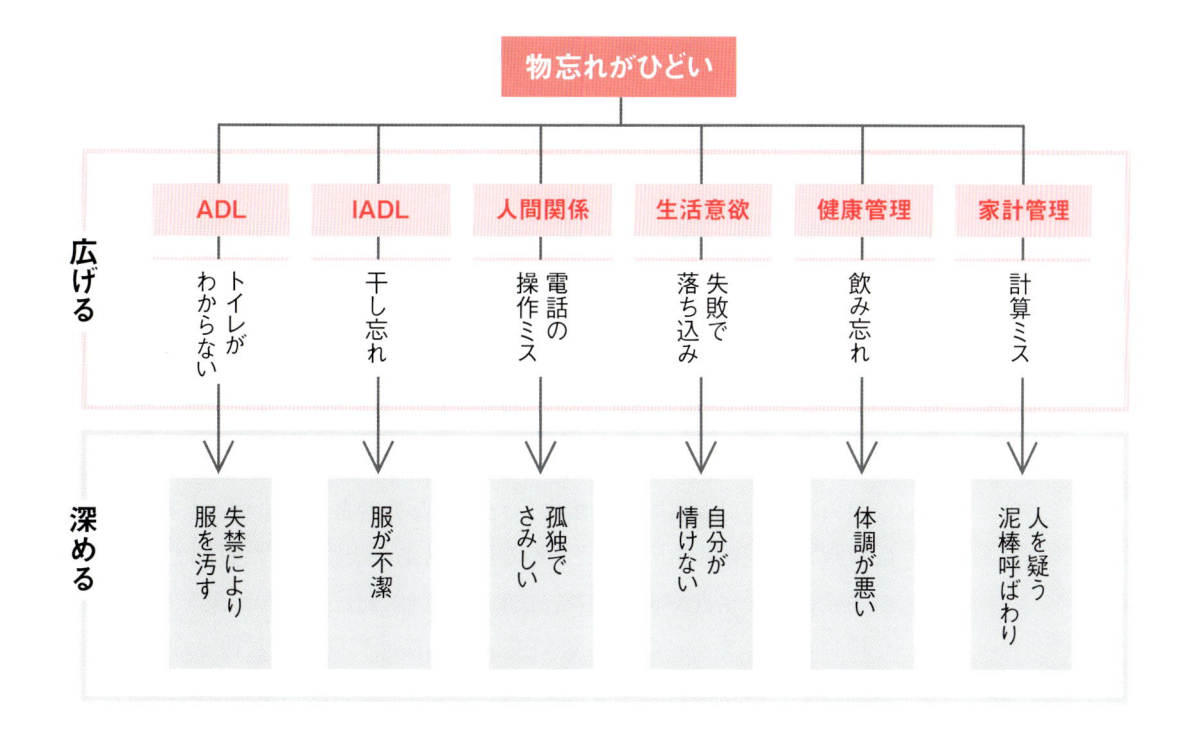

```
                          物忘れがひどい
         ┌────┬────┬────┼────┬────┬────┐
        ADL  IADL 人間関係 生活意欲 健康管理 家計管理
広げる    トイレが  干し  電話の  失敗で  飲み  計算
         わからない 忘れ  操作ミス 落ち込み 忘れ  ミス
          ↓    ↓    ↓    ↓    ↓    ↓
深める   失禁により 服が  孤独で  自分が  体調が 人を疑う
         服を汚す  不潔  さみしい 情けない 悪い  泥棒呼ばわり
```

「広げる質問」──カテゴリーごとに分けてきく

　「広げる質問」は、技術的なことだけをいえば、1つの幹から枝へ、枝から小枝へ、そして葉っぱへと果てしなく広げることができます。しかしこれでは話題は散漫になり、時間ばかりが過ぎてしまい、枝葉末節の「とりとめのない会話」になりがちです。広げる質問を行う際には、質問者のほうで「アセスメントの各領域においてどのような状態なのか」と意識しておくと、立体的な利用者像を描きやすくなります。

　例として、本人の身体に関する訴え（例：物忘れがひどくなって失敗ばかりしている）が次の各領域でどのように影響しているかを、広げる質問で浮かび上がらせてみましょう。

- ☐ ADL：「トイレではどのようなことにお困りになりますか？」
- ☐ IADL：「洗濯の際にはどのようなことで失敗しがちですか？」
- ☐ 関係：「お友達との電話ではどのようなことにお困りですか？」
- ☐ 意欲：「気分が落ち込んだりして失敗することはありますか？」
- ☐ 健康：「体調が悪いときにはどのようなことに困られますか？」
- ☐ 服薬：「お薬の場所が見つからないことはありますか？」
- ☐ 買物：「同じものを何度も買ってしまったことはありますか？」
- ☐ 家計：「日頃のお金のやりとりでうっかり忘れてうまくいかなかったのはどのようなときですか？」

とりとめのない会話

「深める質問」──「出そろった回答」を吟味して掘り下げる

「深める質問」とは、広げる質問で導き出された回答群の中から、着目した点やこだわった点についてさらに質問をすることで、全体像を深掘りする質問手法です。深めることで、相手が気づいていなかった事実や言い出せなかった本音、隠れたニーズなどを浮かび上がらせることができます。

その際には、相手が語る言語的コミュニケーションばかりに注目するのではなく、声の抑揚・音色などの「**準言語**」と服装・態度・表情・身振りなどの「**非言語的コミュニケーション**」の側面に注目することで、より深く理解することが可能となります。

深める質問では質問者は集中した真剣な態度となります。しかし聞き手は真剣さを「深刻さ」と受けとめる場合もあります。また質問することで、相手にとって叱責や責任追及、問いつめ（詰問）などの印象を与えてしまう場合もあります。深める質問ではとくに「**質問する目的・理由**」、相手の努力や言い分に共感する言葉を最初に述べるようにすると効果的です。

「深める質問」──「出そろった回答群」に一歩踏みこむ

広げる質問とは、着目したある1点（例：食事が細くなっている）から、口腔・便通・運動・意欲・味覚・環境などの領域ごとに質問を設定して、全体像を多角的に浮き彫りにする質問プロセスです。しかしながら、それではただ広がるばかりで深まることはありませんし、領域ごとの「関連性」や「共通性」を発見することはできません。

広げる質問により導き出された「回答群」の中には、より利用者のニーズに関連のあることや本人の個別性、疾患や障害などから生じるニーズまでが「混在」しています。これら「**出そろった素材**」に掘り下げ効果があるのが「深める質問」です。

深める質問をするコツは「**一歩踏み込む**」ことです。

☐ 下肢筋力：「理学療法士に伝えたいのですが、足腰がつらいなかでもトイレの動作では、具体的にどのようなところがお困りですか？」
☐ 介護方法：「ご家族も介護をどのようにすればよいか困っていらっしゃいます。お子さんたちの介護でどのような点がつらかったですか？」
☐ 苦情・不満：「先ほど訪問介護のヘルパーさんのことでちょっと気になることがあるとおっしゃってました。よかったらどのようなことにひっかかっているか、おきかせいただけますか？」
☐ 本音：「ご自宅でお母さんを介護されている努力はすごいと思います。でも正直な気持ち、つらくて仕方ないのはどのような介護ですか？」

このように、1つの主訴をきっかけに、具体的な例をあげて「深い質問」をすることで、さらに本音を引き出すことが可能となります。

「広げる質問」&「深める質問」で質問を組み立てる

肝心なのはどちらかの質問法で迫るのではなく、広げる質問と深める質問を適宜組み合わせることで、利用者（家族）の深い部分に分け入っていくことです。まずは広げる質問で発想や視点の多様さを生みだし、その中からポイントとなるテーマを選択し、そこを中心に深める質問を行い、さらに枠の中で広げていくパターンがあります。

発想や視点の多様さ

例：女性の要介護高齢者の暮らしぶりへの意欲を把握する流れ
　Q「家事の中で比較的無理なくやれそうなことは何ですか」（広げる質問）
　A「料理と洗濯ですね」
　Q「料理と洗濯で、やる気が起きるのはどちらですか？」（選ぶ質問）
　A「それだったら、料理のほうがやる気になるわ」
　Q「たとえば大好きなお孫さんたちに食べさせてみたい料理で、作ってみたい思い出の料理はなんですか？」（深める質問）
　A「笹団子がいいわ。あれなら、わりと簡単に作れるしね」
　Q「笹団子ですか。どんな思い出があるのですか？」（深める質問）

これらに、閉じた質問と開いた質問を組み合わせることで、効率的かつ的確にコミュニケーションを広げたり、深めたりすることが可能となります。

私の質問フレーズ
My Question

- ☐
- ☐
- ☐
- ☐
- ☐
- ☐

オリジナルの質問をつくってみよう！

4 時間:「これまでの質問・これからの質問」

時間軸　人生に「時間軸」という1本の横線を引くと、現在を基点に「これまでの質問」（過去形、現在進行形）と「これからの質問」（未来形、仮定形）を生みだすことができます。私たちは「いま」を生きていますが、一瞬にしてその時間は過去（これまで）となります。ケアプランはいわば未来形の「これからの計画書」です。その「未来」は、これまでの時間や経験の積み重ねの「連続」であり、「地続きの人生」の延長線上にあります。いまを把握し、「これからの生活」をともに考える際に、欠かせない土台となるのが「これまでの質問」です。

「これまでの質問」（過去形、現在進行形）

これまでの質問　「これまでの質問」は相手の人生に分け入っていく作業です。その出来事や経験、その際の感情（嬉しかった、楽しかった、悔しかった等）が過去完了として整理がついている場合もあれば、いまも未整理のまま心の奥底に悩みやわだかまりとして抱え続けている人もいます。誰にも触れられ

人生の傷　たくない「人生の傷」となって疼いていることもあれば、誰かに聞いてもらいたいと強い衝動にかられている人もいます。

❶「ヨコ割り」で質問する

人はさまざまな顔を持ちながら生きています。小学校の仲間とは数十年ぶりの同窓会でもすぐに当時の雰囲気がよみがえるように、誰にもふだん見せている顔とは異なる側面があります。小中学校の友人、戦友、仕事仲間、婦人会、趣味の仲間など、それぞれの「顔」ごとに、これまでどのような歩みをされ、どのような思い出があるかを質問してみましょう。そのうえで、いまでも行ってみたい場所、再会したい人などを質問することで、本人の願いを聞きとることが可能となります。

❷「人生の時期」（幼少期～高齢期）で質問する

これまでの歩み　現在という基点から、「これまでの歩み」を見渡します。次に「幼少期、

第3章　質問の「使い方」・質問の「組み立て方」・応えの「読みとり方」

〈人生曲線〉80歳男性（要介護2）

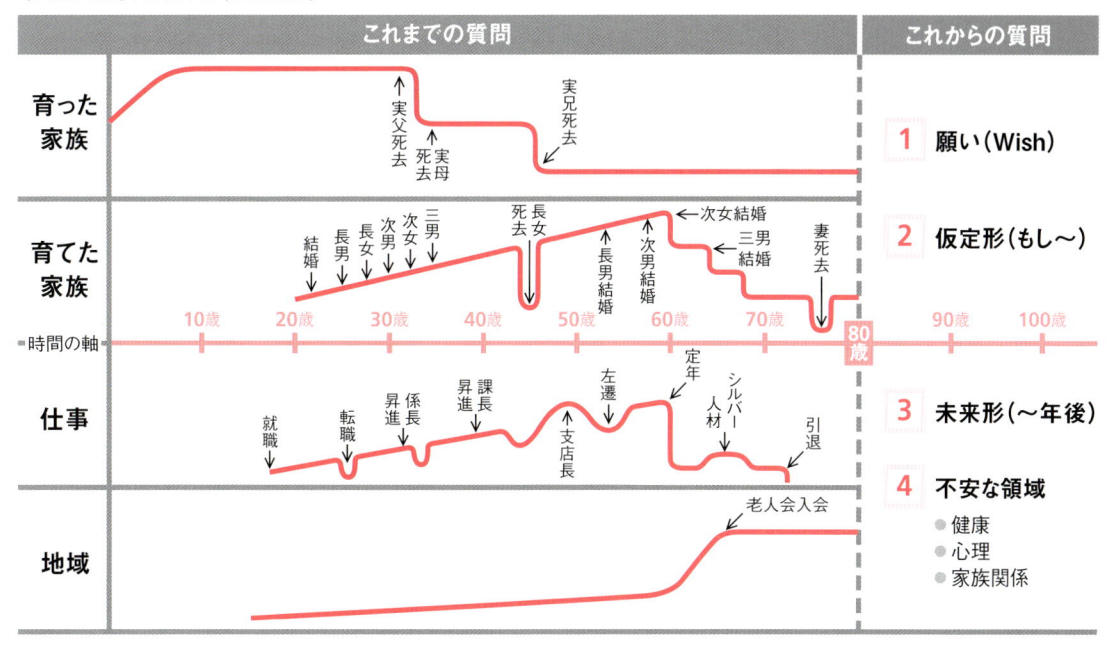

	これまでの質問	これからの質問
育った家族	実父死去／実母死去／実兄死去	1　願い（Wish）
育てた家族	結婚→長男→長女→次女→三男→長女死去→長男結婚→次男結婚→次女結婚→三男結婚→妻死去	2　仮定形（もし～）
時間の軸	10歳　20歳　30歳　40歳　50歳　60歳　70歳　80歳　90歳　100歳	3　未来形（～年後）
仕事	就職→転職→係長→昇進→課長→支店長→左遷→定年→シルバー人材→引退	4　不安な領域 ●健康 ●心理 ●家族関係
地域	老人会入会	

　学齢期、思春期、青春期、壮年期、中年期、高齢期」などや10代、20代など10年刻みの目盛りを入れることで人生の過去を「大きな時期（ゾーン）」ごとに分けることができます。その時期ごとに人間関係、家族構成、住まい、仕事、子育て、入退院、引っ越しなどを質問することで、その方の生きてきた姿が具体的に立ち上がってきます。「○○の時期でどのような忘れられない思い出がありますか？」「○○の時期で、いまでも再会したい人や訪れてみたい場所はどちらでしょうか？」と質問すると、その頃の自分をふり返り、感情豊かにいきいきと語ってもらえるでしょう。

❸「テーマ別」に質問する

　「これまでの質問」でも、テーマ別に質問する方法は、相手も答えやすく話が盛り上がります。運動会の思い出、懐かしの料理、お見合い、新婚旅行、子育ての苦労、入学式・卒業式の思い出、家族旅行の思い出、戦争体験、農業・林業・漁業など、さまざまなテーマが考えられます。思い出の中にその人の人生が刻まれています。

❹「願い、夢」を質問する

　人はさまざま願いを抱きながら生きています。願いはその人の人生の価値観を反映しています。「子どもの頃、どんな仕事が夢でしたか？」「お子さんにどんな夢を持っていましたか？」など、かつて抱いていた夢や願いを質問することで、本人が願っていた人生の姿を知る機会となります。

❺「慎重な配慮」で質問する

　過去に関わる質問は「触れてもらいたくない体験（トラウマ）」を刺激

大きな時期（ゾーン）

人生の価値観

69

することもあります。兄弟姉妹といった、ごく一般的な質問にも死産、戦死、病死、事故死などの痛ましい出来事が付随していることがあります。離婚、再婚、離別という他人に触れてもらいたくない、語りたくもない「複雑な家族関係」がいまもしこりとなっていることもあります。質問にはつねに慎重な配慮とプライバシー尊重の姿勢が重要です。

質問する「理由」を示すとともに、いまは言いたくない、躊躇する態度がみえたら控える慎重さも重要です。利用者（家族）が気分を害し、信頼関係そのものが壊れては元も子もありません。

控える慎重さ

「これからの質問」（未来形、仮定形）

これからの質問
人生への願い
（Wish）

「これからの質問」は本人（家族）の将来への不安や気がかりを浮き彫りにするとともに、それぞれが抱く人生への願い（Wish）や望み、将来への期待を語りだす「きっかけ」となります。

「これからの質問」は要介護状態となった本人やそれを支える先行きが見えない家族にとって、決して心地よい質問ではない場合もあります。心身の不安や心配などネガティブな気分に陥ったり、さまざまなマイナス面が目につく結果になってしまわないような配慮が必要です。

❶「願い」（Wish）で質問する

人はいかなる心身状態となっても、その状況に応じた「願い」（Wish）があります。健康な状態なら抱ける願いも要介護状態となると、さまざまな条件の難しさや心身のつらさからあきらめてしまう、控えてしまうことも多くなりがちです。

「ご本人なりに、どうされたいですか？」「以前はどうされていましたか？」と質問に工夫を加えて「願い」を導きだしてみましょう。

❷仮定形（もし〜）で質問する

要介護状態にあると、質問をされても目の前のつらさやむずかしさに、つい回答も後ろ向きになりがちです。そのような場合のひとつの質問法として、仮定形で尋ねる手法があります。「仮に〜」という仮定形で設定を現実から引き離すことで、本人（家族）が抱く「本音」が遠慮なく語られるきっかけをつくることが可能になります。

仮定形で
尋ねる手法

仮定形は現在だけでなく、「もし小学校の頃に戻れたら〜」「もし夢の○○の仕事に就いていれば〜」など人生を「後戻り」することも容易にできる不思議な力を持った質問です。「もし仮にトイレの心配がなくなったら、どこに小旅行に行きたいと思われますか？」「もしお父さんに体力がついたら、何を食べさせてあげたいですか？」などのように、「もし〜」をつけることで、現実からちょっと飛躍した想像を広げることができます。

❸未来形で質問する

質問の中で未来形の「時期」を明確にすることで、利用者（家族）も目安を立てたり、自分で達成できるかどうか判断しやすくなります。

☐「6ヵ月間でどれくらい歩けるようになりたいですか？」
☐「3ヵ月後に、お母さんの介護でどのことができるようになりたいと思われますか？」

未来形の質問で引き出された「答え」をケアプランに落としこむことで、「目標設定」の際の参考とすることができます。

❹不安や懸念を領域別（身体、心理、家族関係、家計など）に質問する

不安や懸念、心配は気分・気持ちとして語られがちですが、それを聞き流すのでなく、「これから」に焦点を当てて、そう思う「根拠」を具体的に尋ねることが大切です。

そう思う「根拠」

☐「これからの季節で心配なのは、どのようなことですか？」
☐「これからのご自宅の生活で不安な点はどのようなことですか？」
☐「ご家族との関係で心配な点はどのようなことがありますか？」
☐「生活費の面で気がかりな点はどのようなことですか？」

❺本人（家族）の気持ちに配慮した質問をする

人は済んだことには悔しさや後悔を抱きますが、これからのことには不安や心配を抱きます。それはある意味では他人に知られたくない「弱み」であり、悟られること自体に拒否的な態度をとりがちです。質問するにあたっては、信頼関係を損なわないようにするためにも、質問の前後に配慮の言葉を付け加えるとよいでしょう。

☐「ご気分を害するような質問をするかもしれませんが～」
☐「いまからの質問が答えづらいなら、後日お答えいただいても結構です」

私の質問フレーズ / My Question

☐ ....
☐ ....
☐ ....
☐ ....

オリジナルの質問をつくってみよう！

5 客観・主観:「事実をきく質問・意向をきく質問」

　質問をして相手が回答してくれたとしても、それがすべて「正しい」わけではありません。質問した後に、相手の回答を分析・吟味することなく、「真実」（本当のこと）として解釈し、単純に話を進めていくと「初歩的なミス」を犯すことにもなりかねません。

初歩的なミス

　人は質問に対していつでも「自己開示」するわけではありません。極端な場合、自分に都合よく質問をとらえ、自分の解釈で事実や思いを相手に話すこともあります。とくに高齢者の場合は視力や聴覚の衰えなどから事実を正確に認識できていないこともあり、さらに個人の性格や認知症やもの忘れの影響も無視できません。質問する側には、作話や妄想、勘違いから意図的な「隠す、嘘」などの言動にも配慮した分析的視点が重要です。

自己開示

「事実をきく質問」——見る、聞く、読む、味わう、嗅ぐ、触れる

　「事実は1つだが、真実は多様である」という言葉があります。施設入所という事実は1つでも、子どもの側の論理は「要介護の親が安心・安全に暮らせる場所の確保」であり、親の側の論理は「子どもたちの都合で押し込められた」という場合があります。事実は一つでも、立場が異なれば、その立場ごとに「真実」があります。

真実は相対的
事実は「1つ」

　真実は相対的なものですが、事実は「1つ」です。事実と真実の違いを丹念に聞き分けましょう。

❶「見たこと、目にしたこと」を質問するポイント

　私たちは「見る」ことでたくさんの情報を入手し、次の行動を起こすかどうかを判断します。「見ること」は目的をもった行為であり、目に入ってくる光景はひとつの事実です。アセスメントで大切なのは、本人にはどう見えたのか、どう感じたのかということ。そして本人としてどう判断したのかを明らかにする視点が重要です。

見ること

　ただし、高齢者の場合には、視力低下や白内障、視野狭窄などにより、「見

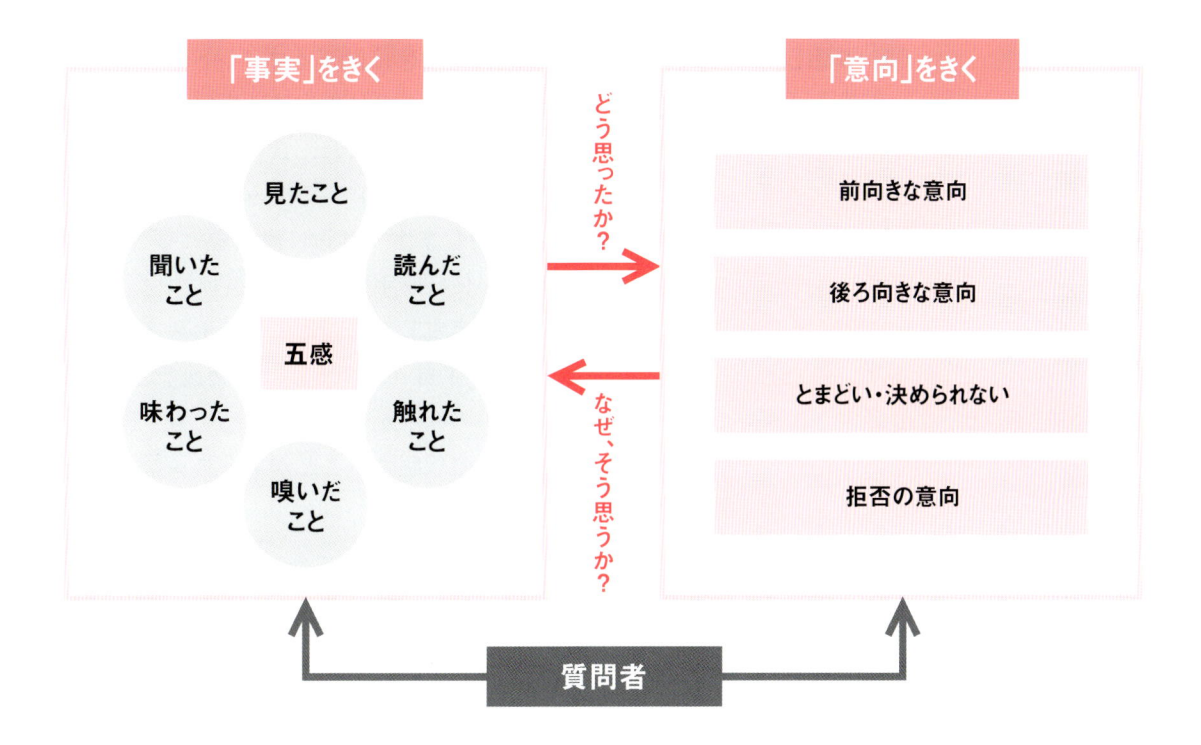

第3章　質問の「使い方」・質問の「組み立て方」・応えの「読みとり方」

```
┌─「事実」をきく─────┐        ┌─「意向」をきく─────┐
│                      │  どう    │                      │
│      見たこと         │  思っ    │     前向きな意向      │
│   聞いた    読んだ    │  たか？  │                      │
│   こと      こと      │ ───→   │     後ろ向きな意向    │
│        五感           │          │                      │
│   味わった  触れた    │ ←───   │    とまどい・決められない │
│   こと      こと      │  なぜ、  │                      │
│      嗅いだこと       │  そう    │      拒否の意向       │
│                      │  思うか？ │                      │
└──────↑─────┘        └──────↑─────┘
                    ┌─────────┐
                    │    質問者    │
                    └─────────┘
```

え方」にかなりの違いが生じることを念頭にヒヤリングを行います。ここでのポイントは本人にとっての見え方をけっして否定せず、それを受けとめ尊重する姿勢が大切です。

本人にとっての見え方

❷「聞いたこと、耳にしたこと」を質問するポイント

　私たちは耳から音や話を「聞くこと」で多くの知恵や方法、情報を知ります。聞く相手は家族、知人などの近しい関係から、ラジオ・ＴＶなどから流れ出る情報、行政関係等の窓口での話までさまざまです。さらに屋内外の物音、家族・近所の声、ペットの鳴き声などで、近くで起こったことやその様子などを把握します。

　「聞くこと」も目的をもった行為です。本人にどのように聞こえたのか、聞いた事柄をどう判断したのかを質問によって明らかにします。

聞くこと

　ただし、難聴気味や耳鳴り、騒音やそのときの感情の起伏などにより「聞こえ方」に違いが生じることを念頭においてヒヤリングします。

聞こえ方

❸「読んだこと」を質問するポイント

　私たちは「読むこと」でさまざまな知識・情報・手法などを知ります。その対象は新聞、本、雑誌、行政の配布資料から新聞の折り込みチラシ、さらにはインターネットの文字・画像情報等があります。「見ること」と異なり「読むこと」はかなり能動的な行為であり、身近にその情報源があることと、読みこなせるだけの識字力と理解力、知識・教養が必要となります。どのようなもの（本、市政だよりなど）を「読み」、どのように理解しているかをヒヤリングします。その際にも、本人なりにどう理解して

読むこと

識字力

いるのかを客観的に把握することが大切です。

❹「体感したこと」（味わう、嗅ぐ、触れる）を質問するポイント

五感

　五感も「事実」です。五感を通して私たちの体の中に「事実」が刻まれます。味わうことで「おいしさ・まずさ」を判断し、食の進み具合にも直接影響します。嗅ぐことで「匂い」を判断し、食料の傷み具合、部屋の空気の澱み、尿や便の汚れの程度を判断します。さらに直接触れることで、ざらつきや滑りやすさ、重さ・軽さ、使い勝手を判断します。

　このように体感することで感じる「事実」を質問によりアセスメントします。ただし、室内の温度差や本人の体調（鼻づまり、服薬後など）、味覚障害、皮膚感覚の低下、筋力・握力の低下などにより「感じ方」に違いもあるため、その程度を見極めたうえで理解することがアセスメント・モニタリングには重要になってきます。

感じ方

「意向をきく質問」──前向き、後ろ向き、とまどい、保留、拒否

　事実が明らかになっても、大切なのは、本人（家族）がそれに対して「どのように理解し、どのような意向を抱いているか」という点です。意向には前向きと後ろ向きだけでなく、拒否・保留もあります。事実は1つでも、意向はそのときの生活状況や家族関係、周囲とのバランス、本人の性格などが「複雑に絡み合って」影響します。隠れたニーズも含めて、意向を深く読みとる質問力が求められます。

隠れたニーズ

❶「前向きの意向」を質問する

　心身の機能低下が進むと「できないこと」が増えます。その状況に対して「～はできませんか？」とできないことの確認の質問ばかりでは本人（家族）は自信を失い落ち込むしかありません。できないことをいかに前向きな目線で質問できるかが相談援助職に求められる「質問力」の1つです。

- □「ご自分なりに、どのようなことができるようになりたいですか？」
- □「～ができるためには、どのような道具（サービス、お手伝い）があれば助かりますか？」

❷「後ろ向きの意向」を質問する

　できないことが増えると、あきらめや先々を悲観する言葉が増えてきます。そのことを受容するだけでなく、「なぜそう思うのか」と一歩踏み込んだ質問をすることで、本人（家族）をそのように思わせている「客観的な事実・背景」が明らかになり、対応を考える上で参考となります。

客観的な
事実・背景

- □「あきらめておられる理由を具体的にお話しいただけますか？」
- □「できないと思われたきっかけはどのようなことでしたか？」
- □「○○さんをおつらい気持ちにさせているのは、どういうことがありますか？」

❸「とまどい、決められない意向(保留)」を質問する

人は質問に対してとまどったり、回答を保留することがあります。この場合も、そのことを問題にするのでなく、言葉で共感的な姿勢を示し、そう思わせている理由・要因を探し出し、具体的に対応を話し合う材料とします。

☐「みなさん、これからの生活にとまどわれることはよくあります。そう思われることを1つ2つお話しいただけますか?」

共感的な姿勢

❹「拒否の意向」を質問する

人は質問に対して答えることに拒否的な態度をとることがあります。拒否的な態度もひとつの「回答」です。そのような態度をとる原因に、質問の意図がわからないだけでなく、質問に腹がたった(気分を害した)、回答することで自分が不利になる、他の人に迷惑がかかる、他人や身内に知られたくないなどがあります。いまはすぐには回答できない、理由を言えない「事情・気持ち」を尊重しながら、ヒントになるキーワードを導き出す努力をし、次回の面接にいかす姿勢が大切です。

☐「言いづらいかもしれませんが、拒否される理由を無理のない範囲でお話しいただけますか?」

☐「いまおたずねしたことで、どのあたりがわかりづらかったでしょうか?」

理由を言えない「事情・気持ち」

私の質問フレーズ / My Question

☐
☐
☐
☐
☐
☐
☐

オリジナルの質問をつくってみよう!

6 職務・本人:「聞くべき質問・話したい質問」

　どうして援助職の私はこの質問をするのか──。これはとても大切で忘れてはいけない自らへの「問い」です。答えの第一は、援助職側が聞くべき(知らなければならない)からです。ところが利用者(家族)はすべての質問に答えたいと思っているとはかぎりません。反対に援助職側が聞きたいわけではないのに、やたらと利用者(家族)が熱心に語りたいこともあります。それは援助職側に知ってもらいたいことだからです。このように、質問は双方の「聞くべき・話したい」の微妙なバランスの中で揺れています。質問をする側がこれらに配慮しながら進めることで、信頼関係が深まり、話しづらいことも力まずに語れる関係ができていきます。

微妙なバランス

職務:「聞くべき質問」をする──必要な情報・不足情報を聞く

　「聞くべき質問」の根底には、担当者という「立場」、専門職からくる「資質」、個人としての尊敬・関心の念からくる「興味」などがあります。利用者(家族)の100年あまりに及ぶ生活歴はドラマチックであり、人としての教訓やさまざまな経験が詰め込まれた「玉手箱」です。しかし一方で、利用者(家族)にとっては隠しておきたい「パンドラの箱」の場合もあります。「聞くべき質問」は担当者にとっては職務であっても、本人(家族)の心の傷に触れる可能性のある行為であることを十分に理解しておくことが重要です。

玉手箱
パンドラの箱
心の傷に触れる

❶「聞かなければいけない質問」をするポイント

　「聞くべき質問」の中には、職務上「聞かなければいけない質問」があります。これらの質問項目は利用者本位の質の高いチームケアを進めるためにも「必要な情報」であることを押さえておきましょう。

必要な情報

- 本人(家族)のみが把握している情報
- サービス事業者や医療などの専門機関でなければ持ち得ない情報

□「基本情報として2つ3つ、おききしたいのですが、よろしいでしょ

```
質問者 ←  [聞くべき質問]
          本人(家族)のみ    専門機関のみ    不足情報、
          が持つ情報        が持つ情報      変化した情報   → 利用者(家族)
              ↕
          [話したい質問]
          苦労した話  輝いていた  家族の話   思い出話
                      頃の話
```

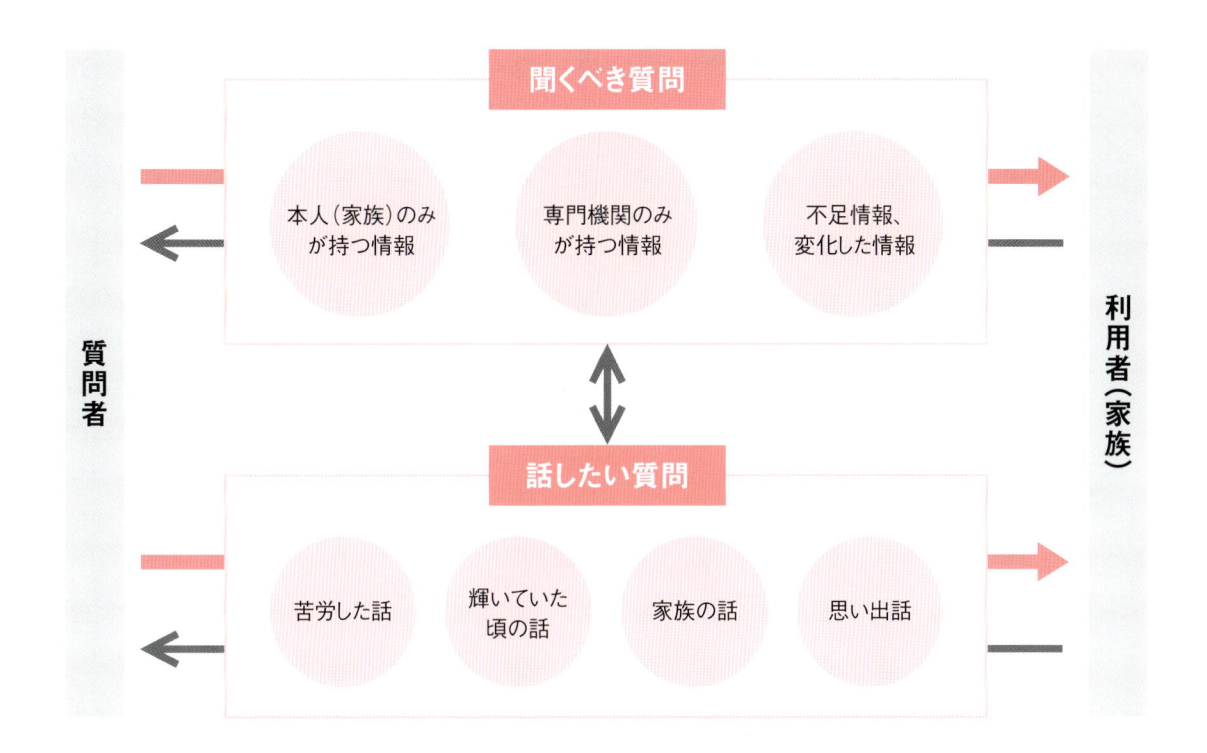

か？」

　質問を行うにあたり、あらかじめ質問する理由と活用の範囲と方法などの説明を行います。そのことで相手は安心して回答することができます。生活史や家族関係、医療履歴などは、とくにプライバシーに配慮した守秘義務の姿勢と個人情報保護の取扱いについて明確に示します。

❷「不足情報を話してもらう質問」をするポイント

　心身の機能低下や疾患、障害による生活上の困りごとを、初対面のアセスメント時にすべて聞くことはできません。また利用者の状態像も季節や体調等により変化し、要介護度も変わります。かかわりが長くなれば、その分、不足情報や新たに入手すべき利用者情報は必ず生まれます。

☐「以前うかがったお話につけ加えておききしたいのですが、よろしいでしょうか？」

　本人（家族）にあらかじめモニタリング時やサービス提供時などに不足情報を話してもらうことがある旨を伝えておくことで、「何度も質問される」という誤解を避けることができます。

本人：「話したい質問」をする
――苦労話、輝いていた頃の話、家族の話、思い出話

　基本的に人は自分のことを話すのが好きです。聞いてもらうことが好きと表現してもよいでしょう。その理由は、話すことで考えが整理され、賛同・共感など相手に受容されることで自己肯定感を得ることができるから

自己肯定感

です。またストレスの解消としても効果的といわれています。

　とはいえ、誰でも他人に対していきなり語り始めることはありません。相手から質問されることで、相手の関心にそって、「回答」という形で自分のことを語り始めることができます。つまり、質問は相手の話したい話題を導きだす「きっかけ」にすることができます。

❶「苦労話」を質問する

　人は苦労話を聞いてもらうのはけっして嫌いではありません。むしろ共感的・肯定的に聞いてもらうことで、思わぬことまで話してしまうことがあります。過去の相当な苦労話も、いま振り返ると「乗り越えた話」であり、ある意味では自己肯定感を得られる話題です。高齢者の苦労話には次のような内容があります。

- 戦争関連……赤紙、出征、戦地、戦死、学徒動員、空襲、防空壕、食糧難、引き揚げ、疎開、教育勅語、買い出し、闇市など
- 子育て……出産、死産、ヘソの緒、育児、病気・ケガ、親子ゲンカ、運動会、夏休み、学校、授業、恩師、弁当、成績、進学、就職、結婚など
- 家計……大家族、失業、貧乏、粗末な食事、内職、借金、引っ越しなど
- 仕事……農業、漁業、林業、会社（内勤、外勤）、転勤、昇進、降格、左遷、転職、倒産、定年など
- 健康……大病、大ケガ、大手術、長期入院、持病、健康診断、人間ドックなど

　これらは本人の側と家族の側では受けとめ方も苦労の仕方も異なります。それぞれの立場に立った質問をすることで、状況を「家族全体の物語」として総合的に把握することができます。また、「困難の乗り越え方」を知ることは、本人の「強さ」や「困難への対処のしかた」を知ることであり、アセスメントにおいては大きなポイントとなります。

　ただし、苦労話は本人（家族）にも触れてもらいたくない部分もあるので、信頼関係を前提とし、慎重な配慮が必要です。

☐「お話しづらいことをおききしますが……」
☐「いろいろとこれまでご苦労があったと思いますが、お仕事の面ではどのようなことをいまでも思い出されますか？」

❷「輝いていた頃の話」を質問する

　話しやすい話題、盛り上がる話題には本人が輝いていた頃や懐かしいと思う頃のことがあります。誰しも人生の主役は「自分」です。苦労した話だけでなく、輝いていた頃のことを質問すると、舌もなめらかになります。その中味は歩んできた人生によって個人差がありますが、性差や地域社会での役割も大きく影響します。

- 男性……学校、仕事（昇進、昇格、抜擢等）、趣味、青年団、消防団等
- 女性……学校、子育て、家事、家の切り盛り、趣味、婦人会等

❸「家族の話」を質問する

　家族の話題はだれにも身近で話しやすいテーマです。家族の話題を質問することで、家族の中の位置、家族に関する苦労話、家族への思い（愛情、複雑な感情等）などを知ることができます。家族の話題は次の「２つの家族」を頭に入れて質問しましょう。

- 育った家族……祖父母、両親、兄弟姉妹、叔父・叔母、甥姪等
- 育てた家族……配偶者、息子・娘、婿・嫁、孫、義父・義母等

　なお、戦前戦後は「養子縁組」や親や夫の戦死、病死による「再婚」などは一般的でした。複雑な家族もあり、家族構成図（ジェノグラム）を手書きしながら話を進めると立体的に理解することができます。

　なお家族の話は、相手にとってトップシークレット（隠しておきたい、話したくない秘密）である場合もあります。

☐「お話しいただける範囲でけっこうですので……」

　このように最初にことわりを入れておくことで、相手に話の裁量権を持たせることになります。

2つの家族

家族構成図

トップシークレット

話の裁量権

❹「思い出話」を質問する

　一般的な思い出話は、本人（家族）にとって楽しく好印象で残っていること、つらくくやしかったこと、残念で後悔していることなど、なんらかのかたちで整理されているものです。そこに「～の頃」という限定された質問をあえてすることで、すっかり忘れていた出来事や光景がつむぎだされることはよくあります。

　一方、本人（家族）にとって嫌な思い出したくないこともあります。その際の態度や表情をすかさず読みとることで、より相手に寄り添ったアセスメントが可能となります。

☐「新婚旅行で一番思い出に残っていることをお話しいただけますか？」

限定された質問

私の質問フレーズ / My Question

☐
☐
☐
☐

オリジナルの質問をつくってみよう！

子どもの「質問」に学ぶ

COLUMN

　子どもの質問に、さてどう答えようかととまどう経験をされた方は多いのではないでしょうか？
　「どうしてお花は咲くの？」
　とても素朴な質問です。「花には雄しべと雌しべがあってね」と説明して納得する子どももいるでしょうが、「どうしてこんなとげとげな葉っぱにきれいな花が咲くの？」の意味で質問している子にはまったくの空振りです。そんな子には、「お日さまに笑顔でありがとうと言ってるんだよ」と話すほうが本人にはしっくりくるかもしれません。
　子どもの質問には大科学者でさえ頭を抱えてしまう問いがあります。「地球はいつまであるの？」なんて、誠実にわかりやすく答えようとすると相当に苦心します。むしろ答えられない問いがあったりします。
　子どもの質問はいつも短くて本質的です。
　どうしてでしょうか？
　第1に子どもの質問には「既成観念」にとらわれない自由さがあります。私たち大人は、当たり前となっていること（常識）にわざわざ「疑問」を持つことをめったにしません。予想外のことが目の前で起きても、すぐに理屈で納得するか、例外としておさめてしまうかです。
　疑問を抱くことは「知らない・わからない」と同じだとつい思いがちです。いい歳をして○○のことがわからないなんて情けない、恥しいことだとうぬぼれてしまっている男性も多いのではないでしょうか。（でも実際は忘れていることもあるので「今さら聞けない」シリーズが読まれていたりするんですけど）。
　大人たちには当たり前であることに、子どもたちが素直に「問い」かける姿勢はとても貴重です。
　第2に子どもはどのようなことにも「興味」を持ちます。両親に「どうして～なの？」と矢継ぎ早やに質問するのは、湧きたつ興味が突き動かしているのでしょう。頭の中は「？」マークだらけで、知る（わかる）とさらに知りたいことが広がっていきます。
　知れば知るほど「わからないこと」が増えていく。そして納得したいからさらに調べ、考える。この知的疑問サイクルが知識を数倍に膨らませていく原動力となります。
　疑問は考えるエンジンのスターターボタンであり、アクセルなのです。
　第3に子どもには余計な知識や情報がないので質問もシンプルだということです。
　知識や情報は「過去のもの」です。さまざま人の考えや国家・民族そして文化などによって築かれた社会的財産であり、日々更新され進化しています。これら歴史の中で収斂され認知された知識・情報は小中高の学校教育や成人後の教育を通じて私たち大人に影響を与えています。
　ところが生まれてわずか数年～10年前後の子どもたちはそれらにふれることはなく、純粋に「考える」ことを行い、腑に落ちないことを「大人への質問」として問いかけるのです。
　ついつい手垢のついた常識に縛られて「考えること」を忘れてしまっている私たちが子どもから学ぶこと、それは純粋に「問い」を立てることから「考える人」になることではないでしょうか。

第 **2** 節

質問の「組み立て方」

1 「質問の手法」の組み立て方
2 「目的別・時間別・期間別」の組み立て方
3 「対象別」の組み立て方

1 「質問の手法」の組み立て方

「質問」を使いこなす──場の流れ・目的別

考える「テーマ」　　質問は会話の「きっかけ」を作るだけでなく、話したり考える「テーマ」を与えてくれ、会話を盛り上げてくれます。相談援助の場面で会う人は、初対面で緊張している人から気むずかしい人までさまざまです。多弁でお喋りな人だとしても、必ずしも本音・本心を話すわけではありません。現状のつらさは比較的話せても、これからの暮らし方は不安が先立って口ごもってしまう人もいます。

　このようなさまざまな場面と人に対して、各種の「質問の機能」を活用して、対象に合わせたアセスメントを行います。
- 「閉じた質問・開いた質問」（集約化と展開化の機能）
- 「広げる質問・深める質問」（領域化と焦点化の機能）
- 「これまでの質問・これからの質問」（過去と未来に整理する機能）
- 「事実をきく質問・意向をきく質問」（客観と主観を分ける機能）
- 「聞くべき質問・話したい質問」（援助側と回答側を分ける機能）

道先案内　　質問は、いわば「道先案内」であり「標識」です。これらの機能を十分に理解し、実際の相談援助の場面で使いこなすことで、たしかな手法を身につけることができます。

話題を「広げ、深める」質問展開

　閉じた質問と開いた質問の組み合わせに、広げた質問や深める質問を加えると、より広い範囲の情報や詳しい状況を知ることができます。

❶ **「閉じる＋閉じる＋開く＋広げる」質問**
　まず閉じた質問で話を絞りこみ、状況を確定します。回答によってはさらに絞り込みをして、そのあとに開いた質問で状況、理由、程度などを話

質問の玉手箱

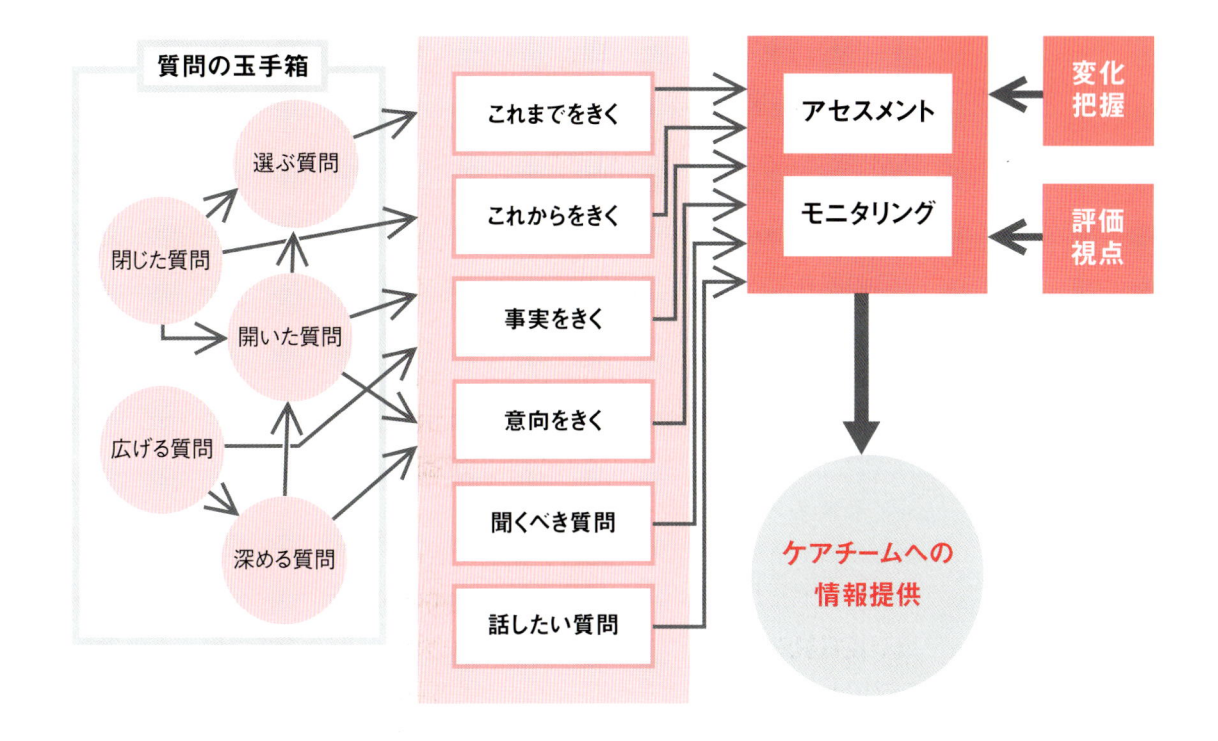

- 閉じた質問
- 選ぶ質問
- 開いた質問
- 広げる質問
- 深める質問

→ これまでをきく
→ これからをきく
→ 事実をきく
→ 意向をきく
→ 聞くべき質問
→ 話したい質問

→ アセスメント ← 変化把握
→ モニタリング ← 評価視点

→ ケアチームへの情報提供

してもらうようにします。さらに広げる質問を付け加えれば、他のテーマについての情報を得ることもできます。

例：男性介護者に調理のことを質問

閉：「このひと月、調理はされていますか？」「なんとかやってます」
閉：「昨日の夜は作りましたか？」「ええ、作りました」
開：「どのような献立でしたか？」「肉じゃがとほうれん草の胡麻あえです」
広：「すごいですねぇ。料理のほかにどのような家事ができますか？」

　話を絞り込むことで相手の話は「昨日の夜の献立」に集中します。次に作りながら困ったこと、かかった時間や他に作れる種類など、話題を広げていくことが容易にできます。そして他の領域（ほかの家事）に広げることで全体像を浮かび上がらせます。

他の領域

❷「開く＋開く＋閉じる＋開く＋深める」質問

　まず開いた質問で大まかな状況を把握します。次に閉じた質問で「できる・できない、やりたい・やりたくない、困る・困っていない」などの絞り込みをします。その後に開いた質問で理由、程度、影響などを話してもらい、深める質問で状況を掘り下げます。

例：女性の要支援高齢者に外出のことを質問

開：「このひと月、どちらに散歩されていますか？」「晴れていたら近くの公園まで歩いてます」
開：「それはいいですね。何時くらいにどれくらいの時間をかけていますか？」「午前10時からゆっくり30分くらいです」

閉:「散歩して不安なことはありますか？」「ありますねぇ」
開:「どのようなことが不安ですか？」「胸が苦しくなったときよ。ゾッとするわ。実はきのうもちょっとあったのよ」
深:「公園でそうなったときはどうされるのですか？」「ベンチで10分くらい休むのよ。心配して声かけてくれる人もいたわ」
深:「主治医の先生はご存知ですか？」「いつも忙しそうで言いづらいのよ」

この流れで、ご自分の思いから体調管理、服薬管理、リハビリ対応などに話題を展開することができます。

「これまで」と「これから」を深める質問展開

アセスメントは「現在」の状況をADL・IADLの面だけでなく、生活歴を含めて全体像を詳しく把握する作業です。疾患・障害などにより心身が機能低下した現在の「心身の状況」をみているだけでは、本来、本人が望む暮らしの姿はなにも見えてきません。現在にいたるまでの「人生のこれまで」を知ることで「いま」を深く理解し、これからの暮らしの方向性を描きだすことができます。

人生のこれまで

❶質問の理由＋「これまで＋事実をきく＋深める＋話したい」質問

生活歴や家族歴、職業歴など「これまで」に関する質問をする機会は多くあります。しかしどれもが本人（家族）にとっては「プライバシー」に関わることであり、積極的に話したい話題もあれば、できるなら話したくない・知られたくない話題もあります。質問の理由（目的）を最初に伝え、同意を得てから、質問のテーマを示し、深めていきます。

質問のテーマ

例：男性利用者に生活歴を質問

理由:「○○さんの生活習慣を取り戻すお手伝いをさせていただくために、これまでの暮らしぶりや大切にされていることをいくつかおきかせくださいますか？」「わかりました」「ありがとうございます」
過去:「お生まれはどちらですか？」「山形県の鶴岡です」
事実:「おいくつまでそちらにいらっしゃいましたか？」「22まで漁師やって、23で川崎の町工場に勤めました。25で結婚したけんど、2人生んで33のときにがんで亡くなった。いまの母ちゃんは再婚だ」
深:「再婚された後のお子さんは？」「あぁ2人。先妻の子と仲悪くてな」
広:「子育てはずいぶんと苦労されましたか？」「聞いてくれるかい？」

❷質問の理由＋「これから＋事実をきく＋意向をきく＋聞くべき」質問

「これから」の生活の希望をきいても、利用者（家族）の気持ちがとまどいやあきらめ、絶望の中にあっては具体的な回答は期待できません。一方、疾患・障害を受容し、できることから「はじめる」意欲に利用者（家族）が満ちている場合は、たとえ要介護度が重くても、自分なりにできる

ことや、具体的なニーズを語ってもらえます。　　　　　　　　　　　　　具体的なニーズ

　相手の不安に寄り添いながら、どのような暮らしの「立て直し」を行っ　　暮らしの「立て直し」
ていくかを導き出しましょう。
例：女性高齢者に暮らしの意向を質問
理由：「○○さんらしい暮らしを取り戻すお手伝いをするために、これか
　　　らどのような暮らしをされたいか、聞かせてください」
将来：「まず自分なりに努力して、またできるようになりたいことはなん
　　　ですか？」「そりゃ、トイレは気がねなく行きたいワョ。店番だっ
　　　てまたできるようになるから」
事実：「現在はどのようにされていますか？」「息子と嫁を呼んで、手伝っ
　　　てもらってなんとかトイレに行ってます。それが、情けなくてねぇ」
意向：「トイレを世話になることもなく、お店番もできるようになりたい
　　　ということですか？」「そうよ、タバコ屋の店番なんて座っている
　　　だけだからね（笑）。なじみのお客さんも喜んでくれるしね」
聞き：「もうどれくらいタバコ屋さんをされているんですか？」「そうねぇ、
　　　40年かしらね（笑）。生きがいなのよ、人とお話するのが」

「隠れたニーズ」を掘り下げる質問展開

　利用者（家族）は「困っていること」や「難儀をしていること」は話せ
ても、その原因まではわかっていないことが多くあります。痛い・熱っぽ
い・しびれは「症状」であり、風邪・高血圧・関節炎は「病名」です。病
名がわかることで「治療法」が選択されます。利用者（家族）の主訴は症
状であり、質問力を使って本人（家族）も避けている「隠れたニーズ」を　　隠れたニーズ
導き出し、その解決に向けて支援していきます。

❶「事実＋これまで＋意向＋確認＋深める」質問

　現状のつらい暮らしぶりと以前の暮らしぶりの「差」を語ってもらい、
本人（家族）の意向を確認しながら、「どうしたいのか」「どこまでできる
のか」「何を望むのか」を掘り下げます。
事　実：「転倒する前といまでは暮らしはどのように変わりましたか？」「家
　　　　事がダメになっちゃったねぇ。頼りの長男も顔出さないし」
過　去：「ご長男とはいつまでやりとりがありましたか？」「10年前まで
　　　　同居していたけど、お嫁さんと私がうまくいかなくてね」
意　向：「いまもご長男とは同居したいと思われていますか？」「もちろん
　　　　よ、離婚したしね。戻ってきてもいいのにね（笑）」
確　認：「いま、どこにいらっしゃるのですか？」「車で20分の隣町です」
深める：「どうすれば長男さんは戻ってこられると思いますか？」「…私が
　　　　せがれの弁当を作れるくらいに元気になったらかしらね（笑）」

2 「目的別・時間別・期間別」の組み立て方

「時間」という制約　　みなさんが利用者（家族）と話をする場合、つねに「時間」という制約にさらされています。お互いに都合のよい時間帯（午前、午後、夕方とか）と使ってもよい時間の枠（量）があり、それは目的（連絡、確認、調整、相談、アセスメント、モニタリングなど）によって、10分程度から1時間程度までさまざまです。また体力的に集中できる時間も限られています。つねに目的と時間に配慮して「質問を組み立てる」ようにしましょう。

質問には「タイミング」がある

タイミング
なごむ時間

　質問には「タイミング」があります。もし利用者宅を訪問するなり質問を始めると、「なごむ時間」がないうえに、利用者（家族）は心の準備ができていないため、かなりギクシャクした雰囲気になります。同様に信頼関係がうまれていない段階では、どの利用者（家族）も気持ちよく話をしてくれるわけではありません。

　質問は「矢」のように話し手の心に届き、「正直に答えなければいけない」という衝動をかきたてます。質問のタイミングは、相手が「話しやすい・話す気になった・いまなら話せる」状況がくるまで「待つ」こともポイントです。ただし、そのタイミングがやってくるのをひたすら待つだけでなく、そのような「状況」をつくることも大切です。

「待つ」こと

「状況」をつくる

訪問（面接）目的別の「質問」の組み立て方

　訪問の目的別に質問の「組み立て方」を押さえておかないと、利用者（家族）にとっては「自分たちの状況を理解してもらう時間」でなく、一方的に「生活のあら探しをされる時間」「やたらあわただしい時間」となってしまう危険があります。それぞれの目的別に、どのようなことに配慮すればよいのか、整理してみましょう。

生活のあら探し

質問の組み立て

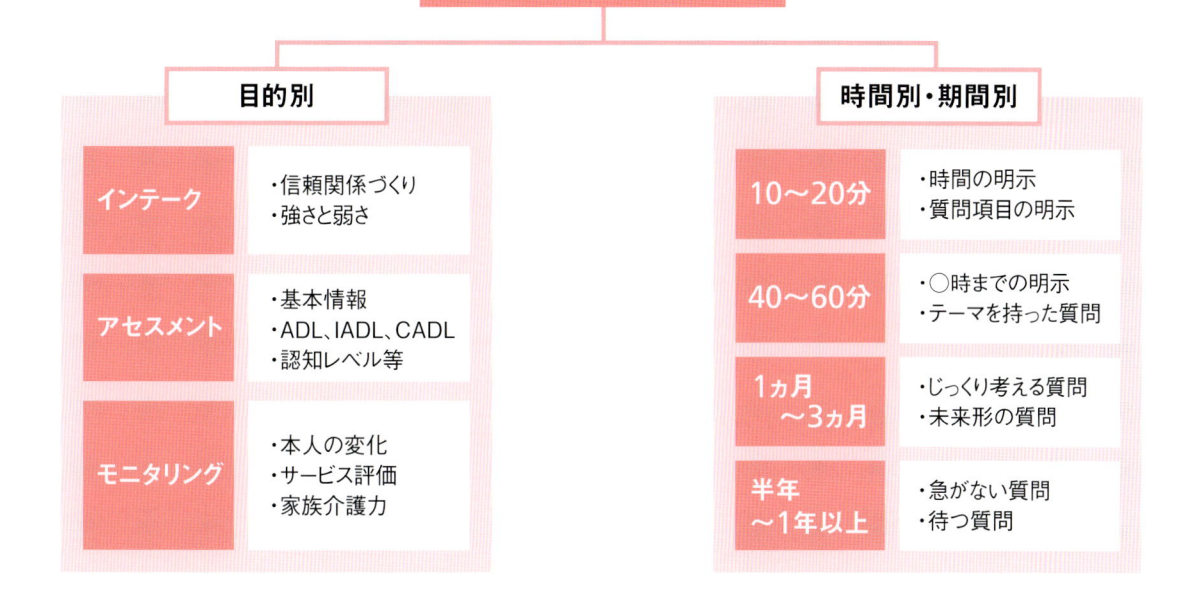

目的別

インテーク	・信頼関係づくり ・強さと弱さ
アセスメント	・基本情報 ・ADL、IADL、CADL ・認知レベル等
モニタリング	・本人の変化 ・サービス評価 ・家族介護力

時間別・期間別

10〜20分	・時間の明示 ・質問項目の明示
40〜60分	・○時までの明示 ・テーマを持った質問
1ヵ月〜3ヵ月	・じっくり考える質問 ・未来形の質問
半年〜1年以上	・急がない質問 ・待つ質問

❶「インテーク」時の質問の組み立て方

　インテーク時には、信頼関係づくりをベースに利用者基本情報を質問します。項目ごとに1〜2つの追加質問をすることで、インテーク時でもちょっと踏み込んだアセスメントをすることができます。

　現在の状況（生活機能、心身機能、治療・服薬状況、家族関係、生活費・家計など）への認識と気持ち（期待、不安、不満など）の度合いを把握しておくことは、本人（家族）の「強さと弱さ」を知る上でも貴重な質問となります。

　また、介護保険だけでなく、年金・医療など各種制度への理解度などを把握する質問を行い、利用時に誤解が生まれないように必要に応じて説明を行います。

> 踏み込んだアセスメント
>
> 強さと弱さ

❷「アセスメント」時の質問の組み立て方

　アセスメントはケアプランや個別サービス計画を作成するうえで基本となる作業です。次のように領域ごとに内容をまとめ、何について尋ねるのか、なぜ尋ねるのかを説明し、質問を進めます。必要に応じて例を示し、高齢者にとっての「なじみの表現」や「地元の方言」に言い換えることも大切な配慮です。

- 健康管理（体調、運動、水分、口腔、排泄、服薬など）
- ADL（移動、食事、排泄、入浴、睡眠、移乗、着替え、飲水、整容、服薬など）
- IADL（調理、洗濯、掃除、買い物、金銭管理など）

> なじみの表現
>
> 地元の方言

- CADL（生活習慣、趣味、こだわり、願い、思い出など）
- コミュニケーション能力、認知レベル、家族介護力、社会的交流など

　これらを「できる、できない」の視点だけでなく、次の視点で追加の質問を行うことで、より深いアセスメントとなります。

- できることの追加質問：やっていること、できそうなこと、続けたいこと、再びやってみたいこと（再開したいこと）
- できないことの追加質問：していないこと、諦めていること、やりたくないこと、やり方がわからないこと

　これらの初期アセスメントは、1回で行うのが体力・時間的に無理な場合は複数回の訪問に分けて行います。いまの状態像だけでなく、要介護状態になる半年〜1年前の生活ぶりを質問することで、本人が取り戻したい生活やなじんだ生活習慣を把握することも可能です。

取り戻したい生活
なじんだ生活習慣

❸「モニタリング」時の質問の組み立て方

　モニタリングはケアマネジメントにおける基本となる作業です。利用者（家族）の心身の自立度や意識は変化します。「モニタリングとはアセスメントである」と位置づけることで、モニタリング時に何をどのように質問をすればよいかが明確になります。

- 生活機能・心身機能・体調など：良くなった（改善された）、悪くなった（低下した）、変化なし、不安な点
- サービス：かなり満足、満足、不満、かなり不満、調整・手立てが必要
- 本人の感情：不安、不満、とまどい、心配、気がかり、喜び、楽しみなど

　これらは本人だけでなく、家族などにも質問することで、関わり方の度合いや家族介護力のレベルを把握することができます。

「時間別・期間別」の質問の組み立て方

　訪問時の時間や関わりの期間によって、質問をするタイミングがあります。確認程度の質問から、生活や支援に関わる質問まで、質問によっては広がり方も異なるため、「考える時間」も必要となってきます。時間別・期間別の質問のポイントを押さえます。

考える時間

❶訪問時間「10分〜20分」の組み立て方

　最初に「なごむ時間」をとった後は、「いまから○○のことについて、○○分程度ですが聞かせていただけますか？」と前フリで時間を明示します。「質問をする項目」を最初に示して、心の準備をしてもらうのもよいでしょう。5項目以内が理想的です。なお、予想外に重要な回答があった場合は、ついそのことにとらわれがちです。そうすると残りの質問が中途半端になってしまいます。最後に再度質問するか、後日あらためて時間をもうけて聞かせてもらいたい旨を伝えるようにします。

質問をする項目

❷訪問時間「40分〜60分」の組み立て方

　40分〜60分はかなりじっくりと話を聴ける時間量です。この場合は「○○分程度」と数字を示すより、「○○時まで」と終了の時刻を示すとよいでしょう。「今日は○○のことを聴く」と質問にもテーマを持ち、最初に提示します。ひと通りのモニタリングを20分程度で終えてから、家族介護、体調管理、見守り、家族歴、生活歴など最初に示したテーマにもとづき質問していきます。難聴の方には、質問のフレーズを紙に大書きして指で示しながらすすめるのもよいでしょう。

❸訪問期間「1ヵ月〜3ヵ月の期間」をかけた質問の組み立て方

　病院・老健から自宅に戻った際に、「これからどのような暮らしをされたいですか？」と質問しても、利用者（家族）にとっては唐突な質問でしかありません。また、すぐに答えられない質問（例：今後、どのようにご家族との関係を築きたいですか？）や未来形の質問（例：半年先にはどのような状態になっていたいですか？）など、じっくり考えなければ答えられない質問もあります。1ヵ月〜3ヵ月をかけて答えるような性質の質問は、「来月の訪問の際に○○のことを聞かせてください」と最後に付け加えるようにします。

唐突な質問

未来形の質問

❹訪問期間「半年〜1年以上の期間」をかけた質問の組み立て方

　信頼関係が築けていない段階では、失礼な印象を受ける質問があります（生活歴、家族関係など）。また利用者（家族）にとっては、答えづらい質問となる場合もあります。すぐに知る必要のない場合は、「お話しできるようになったら聞かせてください」と急がない旨を伝えておくことが大切です。それほどに質問とは「重い」ものです。「待つこと」を大切にし、語っていただいたときには、どうして時間がかかったか、どうしてこのタイミングで話されたかなど、その心情に寄り添う質問も行いましょう。

急がない

待つこと

私の質問フレーズ / My Question

- ☐ _____
- ☐ _____
- ☐ _____
- ☐ _____

オリジナルの質問をつくってみよう！

3 「対象別」の組み立て方

　同じ内容の質問でも「だれ」に対して行うかによって、その話し方や配慮すべき点は異なります。援助に必要な情報を収集するには、利用者だけでなく、必要に応じて家族やサービス事業所、専門機関、近隣の方などにも質問を行います。その際、どのような順序で質問を組み立て、どのような配慮が必要でしょうか。

「対象別」に質問を組み立てる

　対象別の質問の組み立ての基本は「相手の状況と立場」に配慮することです。いきなり「直球の質問」を投げてしまうと、あまりに唐突であり、相手にとっては質問する意図もわからなければ、「失礼な人だ」と敬遠されてしまいかねません。

直球の質問

　まずは、次のような順序を踏むことが大切です。

答えやすい質問
むずかしい質問

- 「答えやすい質問」から始めて「むずかしい質問」へ移る
- 総論の質問で全体像を描いてから、個々の具体的な質問へと深めていく
- 身近な話題の質問で話しやすい雰囲気をつくってから、目的の質問をする

ストーリー性

　このように、質問の流れにストーリー性を持たせるとよいでしょう。また、あらかじめ質問の目的（理由、意図）を伝え、何を尋ねるのか、はじめに3～5項目を示すことで、相手に安心感を与えることができます。

❶「本人」への質問の組み立て方

　プライベートなことを質問するのはむずかしいものです。その質問が自分の得意なことや好きなことなら、照れながらも積極的に話す人は多いでしょう。ところが、苦手になってきている動作や、大人ならできるのが当たり前とされている日常生活上の行為（食事、排泄、入浴、着替えなど）について、「どのように不自由されていますか？」と質問をされて、快活に回答される人はまれでしょう。性格的に勝気な人や世話焼きの人は周囲

質問の組み立て

サービス事業者
- アセスメント情報
- 利用状況
- 提供状況

医療専門職
- 医療情報
- 求める生活情報
- 求める利用者情報

家族
- 介護力
- 生活への意向
- 介護への意向

本人
- 肯定感
- つらさへの共感
- 不安への着目

親族・近隣
- 関わり度
- 支え合い度
- つきあい度

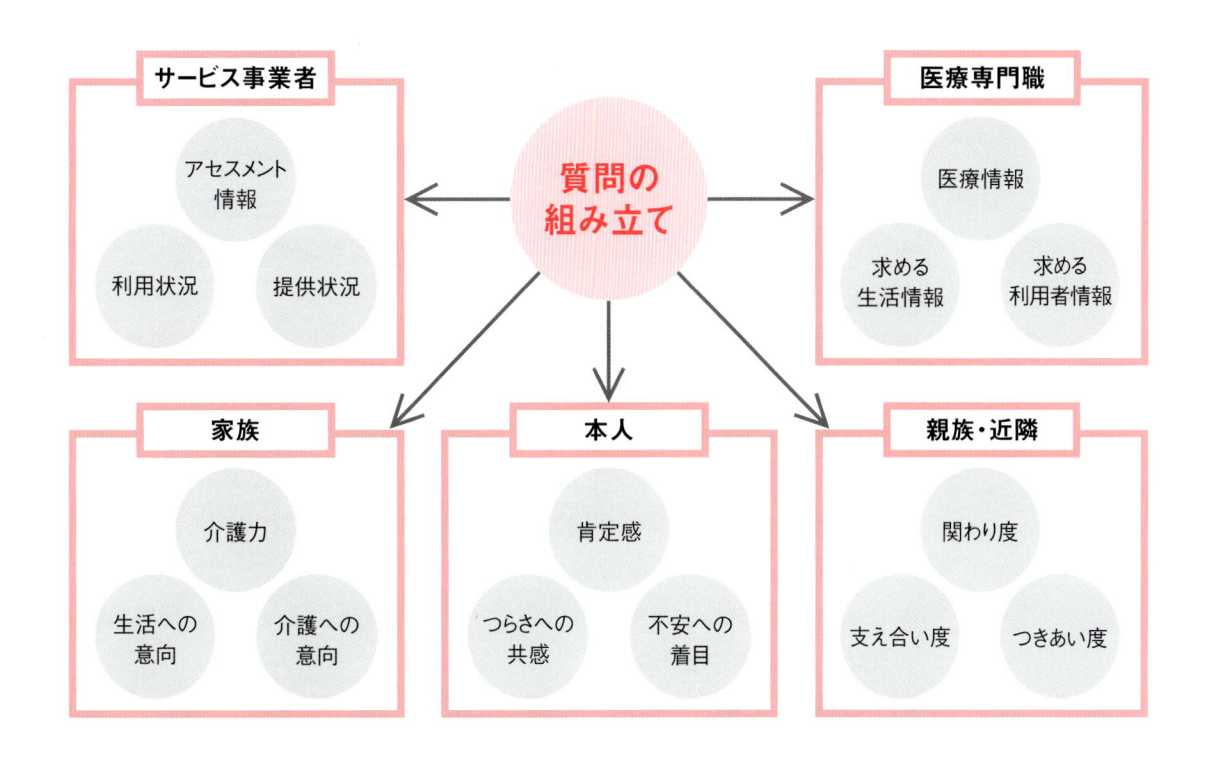

に心配をかけたくない、そのように思われたくないために、あえて軽めに言ったり、すぐに「大丈夫です」と気丈に言いがちです。

次のように質問を順序立てることで、本人が「頭と心の整理」ができるようにします。

- 肯定感の質問:「している行為、できている行為、やりづらくなっている行為、やっていない(やれなくなった)行為」の順序できく   　　　　　　　　　　　　　　　　　　　　　　　　　　　　　　　　　**肯定感**
- 不安、痛さ、つらさへの質問:「動きがつらい、思ったようにできない、以前より時間がかかる」の順序できく
- 機能低下への質問:「動かない、できない、あきらめている、恐くてできない行為」の順序できく
- 将来の不安への質問:「将来できなくなるだろう、つらくなるだろう」の順序できく   　　　　　　　　　　　　　　　　　　　　　　　　　　　　　　　　　**将来の不安**

なお、もの忘れや認知症、失語症や体調がつらい方にとっては、質問されること自体が相当に負担(ストレス)になる場合があります。「ゆっくり答えていただいて結構ですよ」と伝えます。言葉がむずかしいなら、筆談や文字の指し示しなどの工夫をします。正確さに不安がある場合には、家族やサービス提供スタッフに確認をとることも行います。   　　　　　　　　　　　　　　　　　　　　　　　　　　　　　　　　　**筆談**
   　　　　　　　　　　　　　　　　　　　　　　　　　　　　　　　　　文字の指し示し

❷「家族」への質問の組み立て方

家族への質問も、同居家族と近隣・近距離家族、遠距離家族では、利用者に関する情報にも差があり、また関わりの度合いやそれまでの家族関係の濃淡、介護への意欲や考え方によっても異なってきます。「家族だから   　　　　　　　　　　　　　　　　　　　　　　　　　　　　　　　　　**家族関係の濃淡**

回答への過信

知っている・わかっている」という先入観は、「家族の回答への過信」を生む場合もあります。また「どのようなことでも答えよう」という積極的な方もいれば、「必要以上のことは話したくない」と慎重な方もいます。家族のタイプを見きわめ、質問によって関わり度合いなどを図り、必要に応じて「では次回の訪問時にまた教えてもらえますか？」と宿題を出すことで、家族が考えておくべきこと、話し合ってもらっておくことを示すことも必要です。

- 家族の介護力：健康度、担い手の数と時間、介護技術レベル、意欲など
- 生活への意向：家族の生活サイクル（1日、週間、月間）、就労状況、生活上の事情など
- 介護への意向：できる・したい介護、できない・困っている介護など
- 家族構成：人数、住居（同居、近・遠距離など）、関わり方（直接介助、声かけなど）
- 把握している状況：要介護者の生活サイクル（昼、夜、深夜）、健康状態、生活への意向、嗜好など

❸「親族」「近隣」への質問の組み立て方

親戚介護
近隣支え合い介護

ひとり暮らし高齢者の増加と長命化、家族介護のむずかしさから、中山間地や農村など過疎地では、親族が関わる「親戚介護」と近隣の見守り・声かけ・安否確認などの「近隣支え合い介護」が増えています。

アセスメントの情報収集を親族の方や近所の方に行うこともあります。なお個人情報保護とプライバシー保護の点には十分な注意が必要です。

〈親族〉
- 家族構成：利用者の兄弟姉妹、甥、姪、いとこなど
- 暮らしぶり：1日の生活習慣、元気だった頃の生活習慣、趣味、いきがい、暮らしの支え合い、子育ての関わりなど
- つき合い度：近所・近隣とのつき合い、冠婚葬祭のつき合い、居住年数、年末年始など年間行事の関わりなど

〈近隣〉
- つき合い度：日常のあいさつの有無、町内会の加入の有無、地域行事への参加、おすそわけの習慣など
- 支え合い度：町内会・消防団など、近隣声がけ、防災ネットワークなど

❹「サービス事業者等」への質問の組み立て方

切れ目のない
サービス提供

利用者（家族）のアセスメント情報は、サービス事業者（訪問介護、通所介護、訪問入浴など）では、より細かい独自の情報を持っています。それらが有機的にサービス事業者間で共有化されることで、利用者の個別性と意向に寄り添った「切れ目のないサービス提供」を行うことが可能となります。各事業所が持っている利用者情報を収集する際は、次のような内容を問い合わせます。

- アセスメント情報：サービス事業者側が把握している ADL、IADL、認知機能、生活習慣、暮らしぶり、家族情報など
- サービス利用状況：利用時の状況、頻度、満足度（感謝の言葉、表情）など
- サービス提供状況：提供時の状況、できないことへの工夫、目標・課題への取り組み状況など

❺「医療専門職」への質問の組み立て方

利用者への支援において、医師（主治医、専門医など）・訪問看護師など医療専門職との連携はケアマネジメントの基本業務のひとつです。「望む生活」を支えるためには、まずは利用者が訴える「痛み、だるさ、胸やけ」などの身体症状の改善や心身機能の維持と低下への対応が医療専門職によって行われる必要があり、ケアマネジメントにおいて有機的な「連携」をはかることが求められます。

医療専門職が持つ利用者情報を共有化するためには、次のような点に配慮します。

- 質問の前に生活情報やサービス利用状況などの「情報提供」をまず行う　　**情報提供**
- 医療情報（例：治療内容、服薬内容等）を入手したい明確な理由を示すとともに、利用者（家族）の了解をとっている旨を伝える　　**利用者（家族）の了解**
- 情報収集により、利用者（患者）の生活とサービス提供にどのように役に立つか、どのような点に配慮できるか、具体的に説明する

私の質問フレーズ / My Question

- ☐
- ☐
- ☐
- ☐
- ☐
- ☐
- ☐

オリジナルの質問をつくってみよう！

「？」が新しい時代を創造する

COLUMN

　文章の最後に「？」マークをつけると、それが疑問のフレーズです。疑うとは「なにか妙だな、どこか腑に落ちない」と自分のなかに湧きおこるわだかまりの感情を基礎としています。その感情の原因を探り、問い（「どうして〜なのだろうか？」）という能動的な行為がプラスされて「疑問」となります。

　「？」は新しい創造の源泉であり始まりです。そのためには漠然と「なぜだ？」ではなく、「どうして〜となっているのか」と対象に論理的に関わり、「どうしたら〜となるのか」と疑問を発展させることで、やがて世紀の大発見や社会を変える技術革新や新商品の開発などを歴史は可能としてきました。

❶「なぜリンゴは上から落ちるのか？」
（ニュートン：万有引力の発見）

　疑問が物理学の大発見を導いた例として、誰もが知っているエピソード、それがニュートンです。この問いの素晴らしさは、モノが下に落ちることそのものに「大疑問」を持ちとことん考え抜いたことにあります。この逸話は彼がいかに日常に起きることに素朴な疑問を持ち、そこから大理論への着想を得たかという彼の聡明さを表す話として有名です。

　実は当時、万有引力の法則はすでに唱えられていました。しかし多くは「引力がなぜ発生するか、引力が何のために存在するか」という哲学的論議が中心でした。彼の冴えていた点は「引力がどのような法則によって機能しているか」という方向に疑問を発展させることで、さらなる新法則を発見したことです。

　とかく「神の仕業」で済まされるところに「疑問」をはさむことで大発見につなげた彼の姿勢は、やがて自然界の法則を「実証主義」で解き明かすという近代科学の礎を築くことになります。

❷「なぜ鳥は空を飛べるのか？」
（ミケランジェロ、ライト兄弟：飛行機の発明）

　いまでは飛行機が空を飛ぶのは当たり前の光景ですが、かつては人類の憧れでした。

　あの天才ミケランジェロも「なぜ鳥は空を飛べるのだろうか？」と素朴な疑問をいだき、やがて鳥を模倣した飛行用翼を製作し飛ぶことに挑戦しましたが、その結果は惨憺たるものでした。

　その後、時は流れ自転車屋を営んでいたライト兄弟により飛行機が発明されます。

　彼らは当時としては極めて高度な科学的視点から風洞実験を行い、「飛行のメカニズム」を解明し、幾度となくグライダー実験で操縦の技術を同時に身につけました。

　「どうしたら飛べるだろうか？」の大疑問に、彼らは飛ぶ技術と飛ぶ機体の双方からアプローチしたことが勝因となったわけです。動力機体の製作しか眼中にない他のライバルたちとの「大きな差」はここでした。

❸「なぜ檻の動物を見るしかできないの？」
（旭山動物園：行動展示）

　動物園展示のコペルニクス的逆発想で大成功をおさめたのが日本最北の旭山動物園（旭川市）です。「どうして動物たちが檻の向こうにいなければいけないのだろうか？」

　当時の小管正夫園長はふと問いを立てました。従来の動物展示は動物たちの身体的特徴をただ見せるだけの「形態展示」が主流です。小管園長は、入場者が激減し倒産さえ囁かれる旭山動物園の再生をかけて、動物たちの特技や特長などを入場者に見せたりふれあえるように工夫した「行動展示」を採用しました。その取り組みは画期的な評判を呼び、北海道を代表する観光地として国内だけでなく海外からも数多くの観光客が訪れています。

第 **3** 節

応えの「読みとり方」

1 「音色」の読みとり方
2 「表情・態度・しぐさ」の読みとり方
3 「正確さ」の読みとり方

1 「音色」の読みとり方

声の「音色」

隠れた本音

　質問をすると「回答」が返ってきます。私たちは、その内容（言葉）に集中しながらも、その声の「音色」を含めて判断しています。ハキハキと答えるのと、考えながらゆっくりと答えるのとでは、同じ回答でも、そこに込められている心情は異なります。声に着目すると、「隠れた本音」までもしっかりと読みとることができるようになります。

声にも「個性」があり、「表情」がある

聞き分ける

　私たちは、電話をかけたときに、目的の相手が電話に出たかどうかを瞬時に判断します。私たちの記憶脳には相手の顔・身体だけでなく、「声」もしっかりとインプットされているからです。人間はたった2ヘルツの違いでも音の高さ（周波数）を聞き分けることができるといわれています。ですから、相手が風邪をひいているときの声などは容易に聞き分けることができます。

　それほどに声とは「個性」的なものであり、「表情」を持っています。犯罪捜査で声紋鑑定が重要な証拠となるように、声の質や話し方は生まれ持ったものであり、アナウンサーや声優のように練習・矯正するか、事故や病気で声帯を損傷しないかぎり変わることがありません。

声の種類

　声の種類には次のようなものがあります。
- 低い声、高い声、キンキン声、金切り声など
- かすれ声、しゃがれ声、こもる声、息苦しい声、つぶれた声、だみ声
- 大きい声・小さい声、強い声・弱い声、太い声・細い声など
- よく通る声、聞きやすい声、聞き取りにくい声

声には「感情」が表れる

　同じ相手でも、電話に出たときの第一声で「感情」を読みとることがで

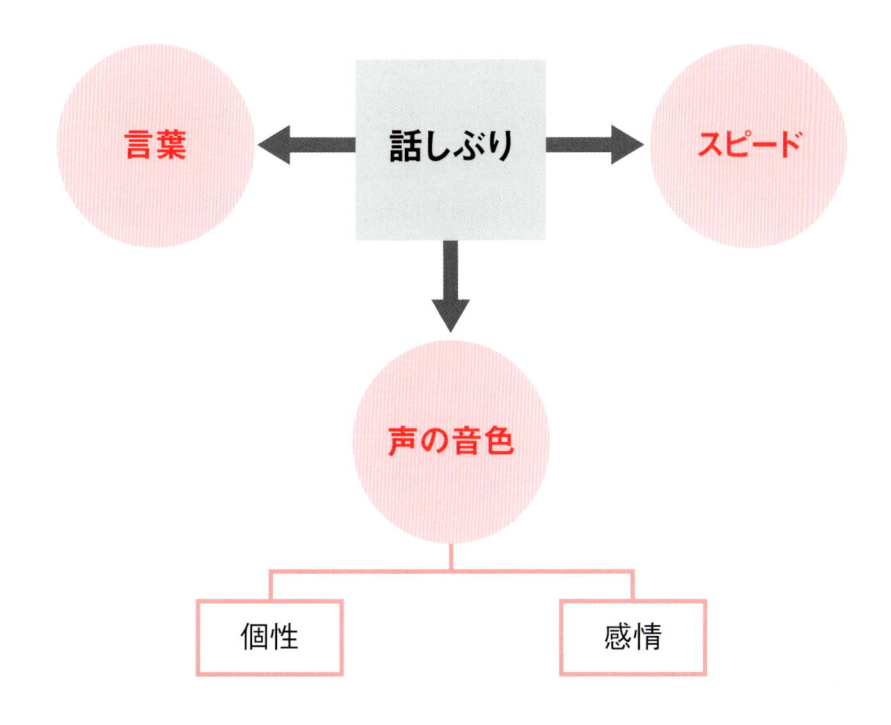

```
          言葉 ← 話しぶり → スピード
                    ↓
                  声の音色
                  ┌──┴──┐
                 個性   感情
```

きます。
- 「今日はずいぶんとはしゃいでいるな」（はつらつとした明るい声）
- 「なにか怒っているのかな？」（語気の強いぶっきらぼうな声）
- 「悲しいことでもあったのだろうか？」（か細く暗い声）
- 「取り乱して、どうしたのだろうか？」（途切れがちでうわずった声）

　そのときの話題や気持ちが「音色」に無意識に表れてしまうのも声の特徴です。たとえば大きなショックを受けてヒステリックになると感情をあらわにする「大きな声」になり、身内の訃報に触れ悲しみを抑えきれないときには「小さい弱い声」になりがちです。

　声から相手の理性的な部分や性格、人間的な成長や経験、現在の心理状態（ストレスなど）を汲みとるとともに、話題との「距離感」を測ることも可能です。

> 話題との「距離感」

声の「表情」を読みとる

　声の「質」は変わらなくても、話題の展開によって「声の表情」が変化することを、私たちは経験上知っています。「声の表情」と話し手の心情はどのように関係しているのでしょうか。

> 声の表情

❶「大きい、小さい」声

　人はぜひ言いたいことがあったり、自信がある、あるいは気持ちが高ぶった際に声が大きくなります。また、楽しいなど気持ちが乗ってきた際にも

同様に声が大きくなります。一方、自信がない、言葉にしたくない、気持ちが沈んできた、話題に乗れないなどの際には、声は小さくなりがちです。

❷「高い、低い」声

もともと地声が高い・低い人はいます。体型・性差だけでなく、口腔内の形状や声帯の形状などが影響しています。会話の中で緊張したり、興奮してくると声帯が張り気味となり、声は高くなります。一方、精神的に落ち込んだり、体調が悪かったり、おっくうになると声は低くなりがちです。

❸「明るい、暗い」声

自分が話したい内容や話していて楽しいことは、表情も柔和になり声も明るくなります。一方、話したくないことや話していてつらくなること、悲しいことは表情も伏し目がちになり、話も途切れがちで、暗い声となりがちです。

❹「強い、弱い」声

体調が良い、元気が湧いてきた、心のモヤモヤがとれてきたとき、語気は自信にあふれ、強い口調で話します。納得できない、不当だ、ここで言わねばと強い気持ちをもっているときも語気は荒く、声に怒りの感情がこもります。一方、体調がすぐれない、体力が落ちてきた、気力が萎えている、困惑やとまどいが強いときには、語気は弱くなります。

❺「速い、遅い」声

話し方が速くなるのは、言いたいことがたくさんある場合や、精神的に興奮状態となり焦ってしまう（取り乱す）場合などがあります。一方、遅くなるのは、考えをまとめて話している、言葉を選んでいるなどのほかに、高齢者の場合は体力が落ちてきた・話すのがつらい（心理的に）などが要因として想定されます。

取り乱す

「言葉・声・スピード」で「話しぶり」を読みとる

質問力のある人は相手の反応に応じて質問の内容や角度を自在に変えていくものです。その際、相手の「話しぶり」に注意をはらう必要があります。相手が話す内容は「言葉」そのものですから、これは文字におこすことができます。しかし、声の音色や間、スピードなどの「話しぶり」はそのものとして残すことができませんが、そこに利用者（家族）なりのいまの心情や本音を読みとることができます。

話しぶり

❶「前置きが長い」話しぶり

前置きが長くなる人の多くは、質問された内容にいろいろとイメージが湧いて、まずはそれらを話してから本題に入るパターンの人と、逆に話しにくい話なので前置きでタイミングをはかったり、本題に入るのを先延ばしするパターンの人がいます。

一定のところまでは話を「合わせ」ながらも、「そうですねぇ」と返答しながらタイミングを図って本題を切りだす質問をします。

本題を切りだす

❷「間が多い」話しぶり

　会話のやりとりで、きく側のときは笑顔でいる人も、いざ話す方になると「間」がたくさんはいってしまう人がいます。言いにくいことを考えながら話す人もいれば、言葉を選びながら自分の気持ちに誠実に向かい合って話す人もいます。また失語症や認知症の方では「言葉を整理」するのに時間がかかってしまう人もいます。

　相手の「言葉」を繰り返したり、要約して整理しながらやりとりを進めていきます。

❸「まわりくどい」話しぶり

　まわりくどい話しぶりの人の中には、見たこと・聞いたこと・体験したことをまずひと通り話すなど「状況描写」から入る人がいます。また関係する人の気持ちに配慮して「言訳っぽく」まわりくどい話し方をする人がいます。また自分のダメさをことさら強調しながらまわりくどく話す人がいます。

　これらも本題に入るのを無意識のうちに避けている、少しでも先延ばしにしたい行動の1つといえます。傾聴することも大切な支援です。そのように話さざるを得ない利用者（家族）の心情や本音を読みとります。

私の質問フレーズ
My Question

☐ _____
☐ _____
☐ _____
☐ _____
☐ _____
☐ _____
☐ _____

オリジナルの質問をつくってみよう！

2 「表情・態度・しぐさ」の読みとり方

　私たちはコミュニケーションをとりながら、相手の「反応」に注目しています。こちらに悪気はなくても、質問をされる立場になる人は身構えます。それは質問者が質問の「決定者」であり、受け手は聞いた瞬間に回答をしなければならないという「不都合なルール」になっているからです。

不都合なルール

　インタビューに慣れていない人は、その瞬間までとても緊張しています。誰でも質問されてうれしいことと嫌なことがあります。質問をされた人は、その感情を言葉や声の音色だけでなく、表情、態度、しぐさなどの「非言語コミュニケーション」としてあらわします。相談援助職には「身体言語」を見分ける力量も求められます。

非言語コミュニケーション
身体言語

「表情」の読みとり方

　映像表現で俳優のアップを撮るのは、言葉だけではなく表情で伝わる要素がたくさんあるからです。舞台上で俳優がメリハリのある濃いめのメイクをするのも表情を立体的にするためです。このように表情は人間の感情の「喜怒哀楽」を伝える「伝達力」を秘めています。

伝達力

　では、アセスメント時やモニタリング時に、質問のやりとりの中で生まれるさまざまな表情をどのように読みとればよいのでしょうか。

❶「目」の動き

　「目は口ほどにものを言う」の例えがあるように、目の動きは感情をよくあらわすため、いわば「目の表情」を読みとることができます。問いかけに自信がある場合や言い分を主張したいときには「目に力」があり、相手と目を合わせて話すものです。都合が悪い、答えが定かでない、自信がないときには、視線が宙を泳ぐ、視線をそらす、伏し目がち、上目づかい、弱々しい目つきになったりしがちです。

目の表情

❷「口」の動き

　「口」の動きから感情を察知することもできます。回答に自信がある場

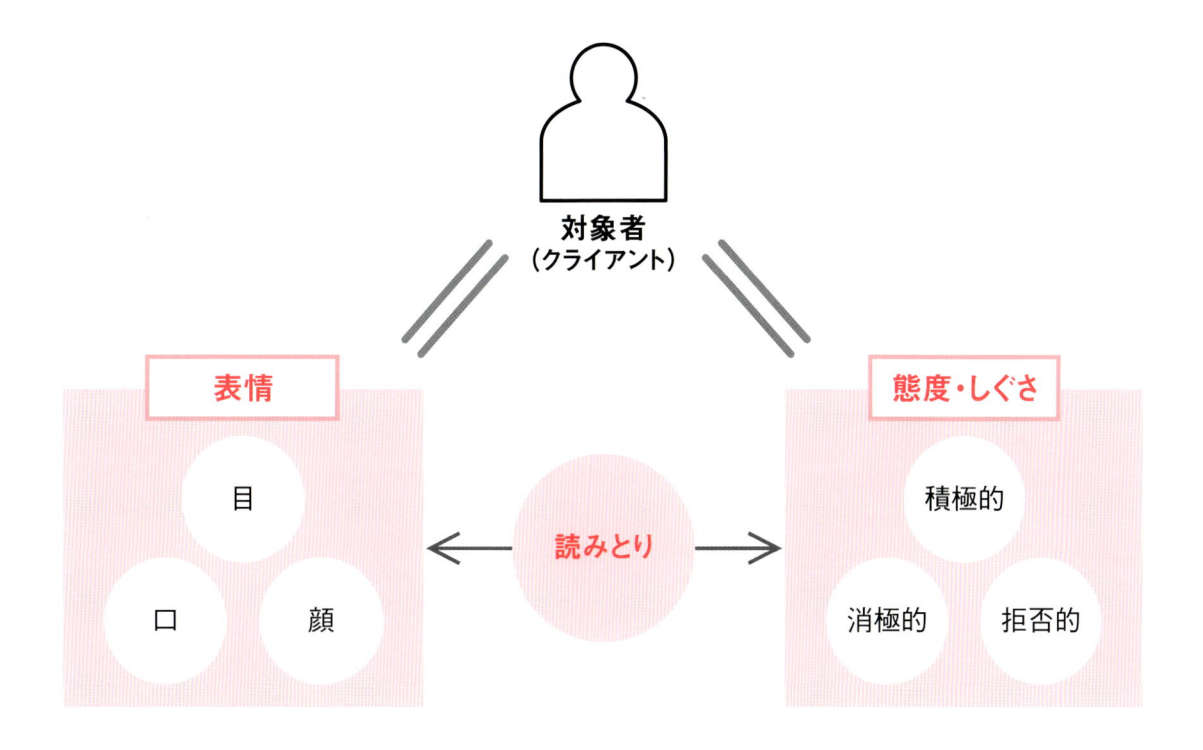

```
                  対象者
                （クライアント）
         ╱╱              ╲╲
    ┌─表情─────┐      ┌─態度・しぐさ──┐
    │   目    │      │    積極的    │
    │        │ ←読みとり→ │           │
    │  口  顔  │      │  消極的  拒否的 │
    └────────┘      └──────────┘
```

合は、しっかりとした口元で、話す言葉も力強いものです。ただし、自信なさげな場合は、口が開く、口をへの字に曲げる、唇を突き出すなどの行為が多くなります。

驚きや笑いには口が大きく開くことになります。満更でもない、軽く同意するなどの場合は口を少し開けてニヤッと笑う表情となります。病気・疾患などにより「口の動き」に支障がある場合は、読みとりにも配慮が必要です。 口の動き

❸「顔」全体の動き

顔の中には目、口（唇）、鼻、頬、額、眉などのパーツがあり、それらが「表情」をつくります。おかしみ、共感、安心、癒し、不安、不満、怒り、いらだちなどの感情に対して、すべての人は「自分の表情」を持っています。その表情がどのタイミングであらわれるのか、また本人の感情がどの程度表情としてあらわれるのかを察知することで、コミュニケーションを円滑に進めることができます。 自分の表情

ただし注意したいのは障害や疾患による影響です。脳梗塞などによる半身マヒや認知症の進行で表情に障害があったり無表情の人もいます。その場合には、部分の変化などにも注意を払いコミュニケーションを進めます。また、その日の天候や体調により、痛みやだるさ、おっくうさが表情を険しくしたり硬くすることもあります。

「態度・しぐさ」の読みとり方

意思表示　　ボディランゲージも一つの「意思表示」です。「態度・しぐさ」は言葉にならない非言語的な意味を持って相手にメッセージを送っています。こちらの問いかけに相手がどのような本音で受けとめているのかを、態度からどのように読みとればよいでしょうか。

❶「積極的な態度・しぐさ」の読みとり方

　積極的に応えていこうとする場合は、表情もおだやかで、質問にもやや身を乗り出し、うなづきや相づちを自然にうち、回答する態度も熱心です。

頼りになる人　「頼りになる人」と認知され信頼関係が生まれれば、質問の意図以上に相手は自己開示をしてくれることもあります。身ぶりも大きく、上体が活発に躍動的に動きます。

　盛り上がる話で注意すべき点は、質問の意図から話がどんどんと横道にそれてしまうことです。その場合は「なぜこのことを言いたいのだろうか」

ひっかかり　と頭に「ひっかかり」として残しながら質問を進めます。

　もうひとつ注意したい点が、あわてて回答しようとする姿勢です。とくに家族は、頭の中を整理し考えている本人を待てないため、代わりに答え

言葉を「遮断」　ようとしがちです。家族の積極性が本人の言葉を「遮断」してしまう危険があることを意識しておくことが大切です。質問の最初に次のような言葉を入れることで、回答に集中してもらうことができます。

☐「急がなくて結構ですから、じっくり考えてお話しください」
☐「○○さんのお気持ちをゆっくりでいいですからお聞かせください」

❷「消極的な態度・しぐさ」の読みとり方

　消極的な場合は、表情もきびしく、どこか不安げです。質問をされても

家族の顔色　顔は横や下を向いたり、一点をじっと凝視したり、あるいは家族の顔色ばかりをのぞき見たりします。回答も投げやりで、「はい・いいえ」「ええ、まあまあ」「だいじょうぶです」という言葉が繰り返されがちです。

　消極的な態度に変化が見えない場合には、「では、いまの質問は後でお聞かせください。次ですが……」と、質問の項目や切り口を変えることで、相手の気分や場の雰囲気をやわらげることにも配慮します。また、まったく異なった話題で気分をほぐしてから、元の質問に戻るということもテクニックとして効果的です。

❸「拒否的な態度・しぐさ」の読みとり方

　質問されるのは誰しも不安です。本人（家族）にとって、それが生活上の話したくない・知られたくない（触れられたくない）ことであれば、質問者への拒否的態度（例：無言・沈黙、無視、凝視）として表れます。時には文句や叱責となって質問者に返ってくる場合もあります。

まずは誤解やすれ違いを解くために、一歩戻って信頼関係の構築から始めます。利用者基本情報や家族構成などの聞き取りは、理由を説明しなければ、相手を追い詰めてしまうことにもなりかねません。

　拒否的な態度・しぐさを見せるということは、相手を怒らせる「地雷」となる内容を質問しているということです。本人（家族）が「話さないで守るべきものは何か、なぜ話せないか、何を不安に思っているのか」を頭の中で「ひっかかり」として押さえ、答えやすい質問から入っていくのもよいでしょう。この場合、「はい、いいえ」で答える質問方式で「はい」を積み重ねるようにします。

怒らせる「地雷」

❹「依存的な態度・しぐさ」の読みとり方

　要介護者が配偶者や息子や嫁、娘など介護をしている家族に「依存状態」となっている場合には、本人に質問をしても「これで十分です」という一般的な回答しか返ってこない場合があります。その理由は、食事・排泄などほとんどのことを家族に負担（世話）をかけているために、希望や本音を話せない状態におかれているからです。

　言葉で表現していることと、表情や態度、しぐさに矛盾が感じられる場合は要注意です。依存状態となっている利用者に対しては次のような対応を行うことが効果的です。

- 通所介護など自宅でない場所で話をする
- できるだけ本人と直接やりとりをする

　質問に対し言葉では十分にこたえられない場合は、目・口元など表情の動きや手の握り返しなども「意向の表出」として注意深く観察します。

私の質問フレーズ / My Question

- ☐
- ☐
- ☐
- ☐
- ☐
- ☐

オリジナルの質問をつくってみよう！

3 「正確さ」の読みとり方

道徳的回路　私たちの脳には、質問には「誠実」に回答するべきという道徳的回路が組み込まれているのかもしれません。答えやすい質問には必要以上に回答するのに、話しづらい質問には「しどろもどろ」になってしまうことがよくあるからです。このことと、「嘘を言ってはいけない、間違いを言ってはいけない、正直に答えなければいけない」と学校や親から教え込まれてきたこととは無縁ではありません。

しどろもどろ

しかし、一方で私たちは、時と場合によっては、ついつい思い込みや勘違いでものを言ってしまうことがあります。あるいは見栄や照れ隠し、同情をしてもらいたい心理から、内容の程度を「軽め」や「重め」に言ったり、「簡単に」もしくは「やたら詳しく」説明したりします。いずれも、「正確さ」という点からは、なんらかの「歪み」(ズレ)や「雑音」(ノイズ)が生じてしまっていることを理解しておく必要があります。

「歪み」(ズレ)
「雑音」(ノイズ)

「正確さ」を危うくする要因

「正確さを欠く」回答　では、どうして「正確さを欠く」回答が生まれてしまうのでしょうか。それらはすべて本人の意図的な行動でしょうか。それとも無意識に悪気なく行っているのでしょうか。利用者(家族)の「回答」に含まれる個人的な「事情や背景」、心身の状態を含めて読みとることが、アセスメントをより的確なものにします。

❶性格、感情など

性格が「正確さ」に影響することは多くあります。せっかちな人や面倒臭がりの人は細かい状況より「それでどうなった」という結論先行になり、周囲への気配りが過ぎる人は抽象的な言い回しをしがちです。思い込みのはげしい人は主観的な話が多く、おおざっぱな人は細かいことには無頓着です。

話しているときの感情や話題にしている人との人間関係も影響します。

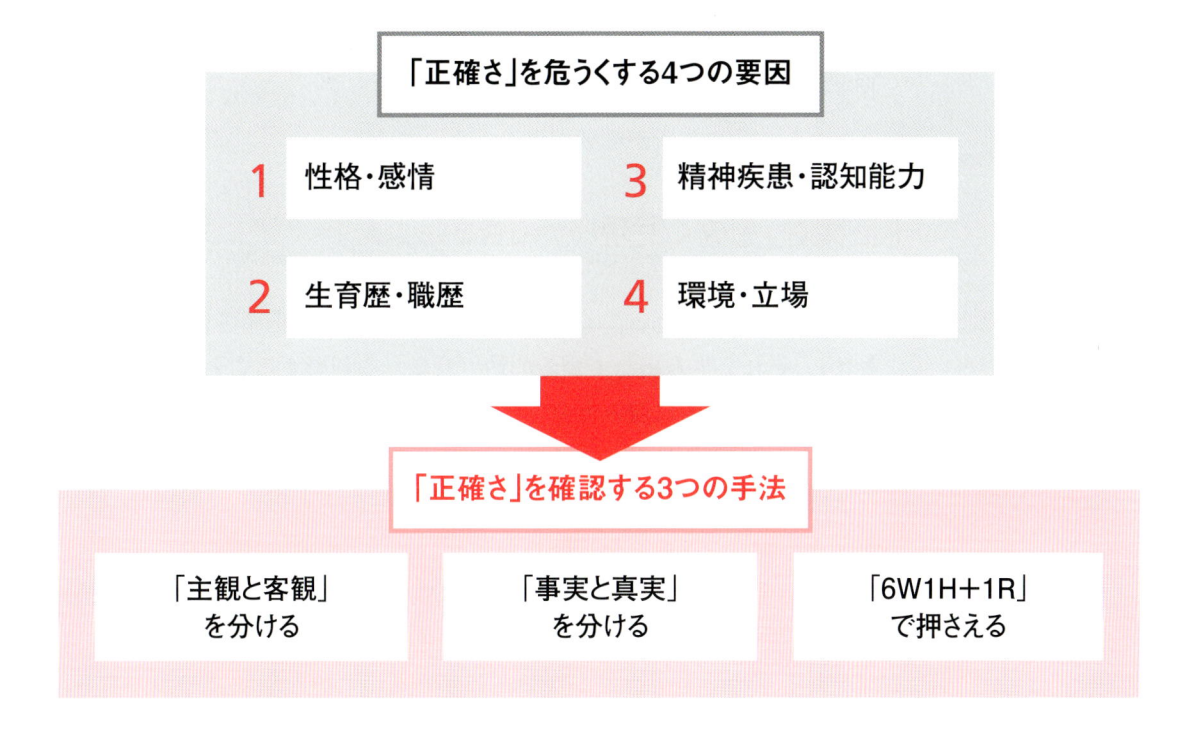

「正確さ」を危うくする4つの要因

1. 性格・感情
2. 生育歴・職歴
3. 精神疾患・認知能力
4. 環境・立場

↓

「正確さ」を確認する3つの手法

- 「主観と客観」を分ける
- 「事実と真実」を分ける
- 「6W1H+1R」で押さえる

正直に話すことを「損得」で考えるようなタイプの人は、つねに相手の出方をはかりながら話す傾向があります。

> 「損得」で考える

❷ 生育歴、職歴など

人にはさまざまな生い立ちがあります。本人にとって自慢できる生育歴や職歴、学歴、体験を語る際の口調は明るく、時には大げさになりがちです。話すのもつらい触れられたくない過去を話す口は重くなりがちです。あえて詳しく話すのを避ける、事実を曲げて（控えめに）話す、話をぼかす場合もあります。いずれの場合も「極端な話しぶり」をする背景にはなんらかの事情が潜んでいるものです。

> 極端な話しぶり

❸ 精神疾患、認知能力

老人性うつ症や統合失調症、アルコール依存症など精神疾患がある場合は、否定的な思いつめた話になりやすい、会話に一貫性がない、極端な感情の表出をともなうことなどがあり、「正確さ」を欠く回答が何度も繰り返される場合があります。また、物忘れや認知症の度合いが進むと、記憶違い・作話・思い込みだけでなく、話が組み立てられない失語症に似た症状もあらわれますから、言葉だけでなく、態度・表情までも含めて把握するようにします。

> 極端な感情

❹ 環境、立場など

自宅などの環境ではリラックスして話せる人でも、診療所や面接室では緊張して十分話せないことがあります。周囲に家族がいたり、反対に話題の当人に聞こえることを配慮して本音を微妙に変えることもあります。

力関係　また兄弟姉妹間や親族間の力関係に配慮して「正確さ」に欠ける回答（建前を言う、ぼかす、黙る、グチる、はぐらかすなど）しかできない場合もあります。「すべておまかせします」という言葉も、信頼なのか責任の丸投げなのか、その判断が必要な場合があります。

「正確さ」を欠く表現──心情をくみとる

心情（背景）を判断する　質問を投げかけ、返ってくる回答の話しぶりから「正確さに欠ける」点に着目し、それを生み出している心情（背景）を判断することができます。相手の言葉を分析的に読みとり、さらなる質問を重ねることで、より深いアセスメントが可能になります。

- 簡単に話す：自分は大丈夫と自慢したい、触れてもらいたくない、見栄で言う、面倒くさい、早く終わらせたい
- 詳しく話す：共感してほしい、わかってほしい（わからせたい）、支持してほしい、慰めてほしい、自分を肯定してほしい
- たどたどしく話す：自信がない、わかってほしい、話すことがつらい、誤解なく話したい、緊張して話せない
- 気づかいながら話す：迷惑をかけたくない、誤解を受けたくない、責任をとりたくない、怒られたくない、余計なことは話したくない
- 堂々と話す：大丈夫と思われたい、自慢したい、同情されたくない
- 弱々しく話す：自信がない、情けない、頼りない、つらい、哀しい
- 話題がそれる：触れてもらいたくない、知られたくない、話したくない
- 言いにくそうに話す：事情をわかってほしい、遠慮がある、迷惑をかけたくない、知られたくない、格好悪い、情けない

「正確さ」を確認する方法──回答を「要約」する

要約　話しぶりがあやふやで、正確さが疑われるときは、その点を確認しないと質問者側も整理がつかなくなり、アセスメントは抽象的なものとなってしまいます。5〜10分ごとや話題が変わるタイミングで回答を「要約」し、疑問点を整理し質問します。

❶「主観と客観」を分けて聞く

主観・解釈　私たちがとまどうのは、本人のことと周囲のことが混同して話されるときです。本人にとっての「感じ方」や「見方」はあくまで主観です。思い出話は本人なりの事実に基づいているでしょうが、あくまで「主観・解釈」です。主観（思っていること）と客観的な事実（起きたこと）を区別して質問することで、ブレのない正確なアセスメントを行うことができます。

□主観：「お話しされた○○のことは、○○さんのお考え（感じたこと）

と理解すればよいですか？」
□事実：「起こったことの事実をお話しいただけますか？」

❷「事実と真実」を分けて聞く

　事実、真実の「混乱」は正確さに影響します。事実は実際に起こったことを示し、事実は「1つ」です。ところが「真実」は本人にとってのとらえ方です。とらえる側の立場や知識、過去の経験知などによって異なります。真実はとらえる人によってそれぞれであり、「複数」あるともいえます。「起こったこと、見えたこと、思ったこと」を分けて質問することで、話す側も整理がつくことになります。

> 事実は「1つ」
> 経験知

□事実：「○○のことについて実際に起こった出来事をお話しいただけますか？」
□真実：「○○のことについて、○○さんはどう思われますか？」

❸「6W1H＋1R」を押さえながら聞く

　回答に「正確さ」を求めるなら、次の視点を押さえながら訊きます。
- 6W……いつ、だれが、どこで、なぜ、なにを、どうしたい
- 1H……どのように
- 1R……どうなった

　話す話題があやふやであったり、事実と違ったままだと、そこで「正確さ」が侵されることになります。時期がズレたり、話題の主役が変わったり、根拠があいまいだったりすることはよくあることです。「ちょっと確認してよろしいでしょうか？」と了解をとり、6W1H＋1Rを押さえながら質問し、正確さを高めていきます。

> 話題の主役
> 了解

私の質問フレーズ　My Question

□
□
□
□
□
□

オリジナルの質問をつくってみよう！

第 4 章

「質問力」で アセスメント!

この章では、ここまでに学んだ質問の「つくり方」と
「組み立て方」を実際のアセスメントやモニタリングの場面で
どのように生かしていけばよいかを取り上げていきます。

1 「生活歴」を質問しよう!
2 「職業歴」を質問しよう!
3 「家族歴」を質問しよう!
4 「趣味歴」を質問しよう!
5 「人柄・性格」を質問しよう!
6 「人間関係」を質問しよう!
7 「ADL」を質問しよう!
8 「IADL」を質問しよう!
9 「CADL」を質問しよう!
10 「疾患歴・治療歴」を質問しよう!

1 「生活歴」を質問しよう!

生活歴　　　人にはさまざまな生き方があります。人の歩みを「生活歴」あるいは「生活史」と呼びます。人生の1年間を「1センチ」の単位で刻むなら、80歳の高齢者は80センチの人生ということになります。みなさんが出会っているのは80歳の「現在」でも、これまでに生きてきた「人生の道のり」があります。過去から現在までの連なりがひとつの「地続きの人生」であり、ともに過ごす「時間」もその人の貴重な人生のつらなりの一部であり、家族たちがやがて振り返る「時」となります。現在を知り、これからの生活（人生）を考える際に、その人が歩んできた「これまで」を知ることで、

生活への希望　本人の「生活への希望」ややり残したこと、いずれ行いたいことをアセスメントのプロセスで把握します。

　　　本人（家族）の心の扉を開き、埋もれた過去をアセスメントの会話の中に甦らせてくれるのが「質問力」です。質問力という道具を肩に、日常生

地続きの人生　活ではあまり意識されることのない利用者の「地続きの人生」の森に分け入っていきましょう。

「生活歴」から「暮らし」を浮き彫りにする

　　　生活歴でも「生まれ」を質問するのと「育ち」を質問するのでは微妙に

家庭環境　ニュアンスが異なります。生まれは「出身地」であり、育ちは「家庭環境」を意味します。生活歴を知ることで、いまも続く、あるいは忘れ去られた本人の生活習慣や価値観、こだわりを把握しましょう。

●「生まれ（出身地）」を質問する

　　　「お生まれは？」と問われて、○○県と出身県を回答する方もいれば、平成の大合併前の旧市町村で回答される方もいます。さらにさかのぼって、昭和の大合併（昭和20年代）の頃の市町村名を語られる場合もあります。また戦時中に生まれた方は戦地（例：満州、奉天）や疎開先をあげる方もいます。

「地続きの人生」の6ステージ

幼少期　思春期　青年期　中年期　壮年期　高齢期

生活歴

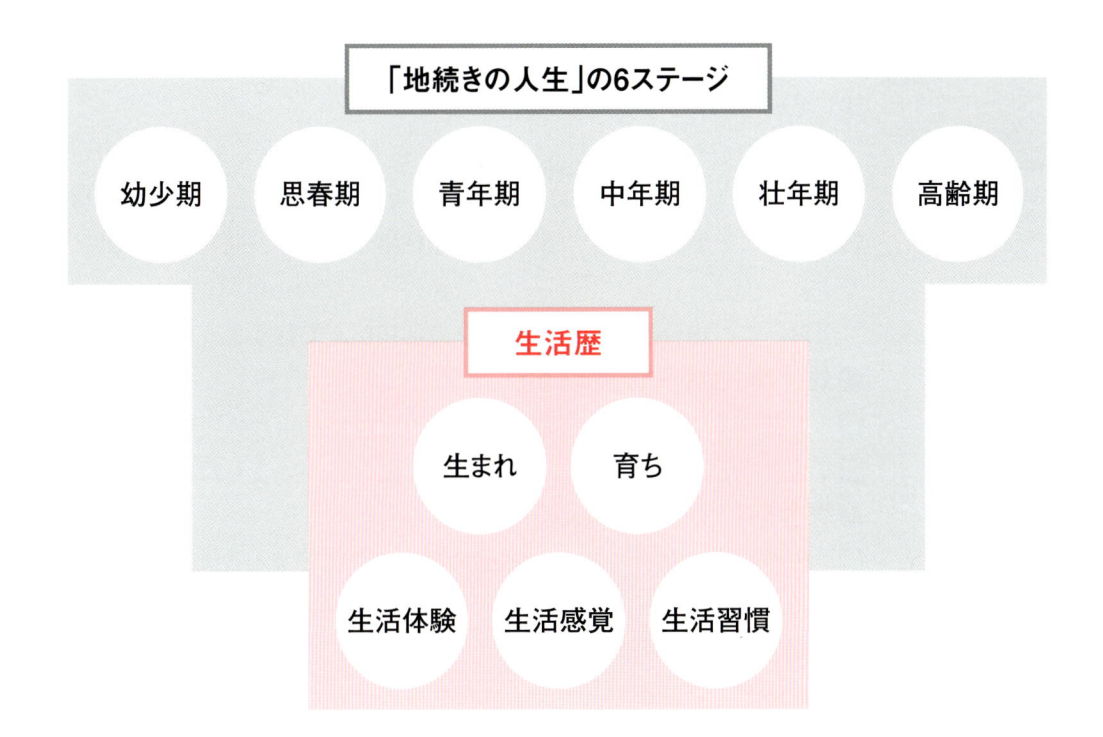

生まれ　育ち

生活体験　生活感覚　生活習慣

　高齢者ご本人の中で「歴史」は続いています。基本となる「生まれ」（出身地）を知るには質問力を駆使して組み立ててみましょう。
- □出身：「どちらのご出身（お生まれ）ですか？」
- □育ち：「幼少期（少年期、青年期等）は主にどこで育ちましたか？」
- □時期：「○○には、いつ頃までいらっしゃったのですか？」

● 「生活習慣」を質問する

　生活習慣は起床や就寝、そして「衣食住」に関わるものが基本であり、大正・昭和初期生まれの高齢者は幼少期に「躾」としてきびしくしつけられた生活体験を持っています。本業が農業・漁業・林業でも、裕福な家庭、中流の家庭、極貧の家庭（分家、小作等）など「育った環境」によって生活習慣（例：モノの扱い方、生活感覚）は相当異なっています。生活習慣そのものにその人の人生の歩みが反映しています。

生活体験
生活感覚

- □起床　：「子どもの頃は朝6時くらいには起きていましたか？」
- □家事　：「子どもの頃は家の手伝いを熱心にするお子さんでしたか？」
- □食習慣：「子どもの頃、家ではどのようなものを食べていましたか？」
　　　　　「当時のお食事はどのような献立が多くありましたか？」
- □流行　：「子どもの頃はどんな服装や髪型が流行していましたか？」

人生の6ステージ
──幼少期、思春期、青年期、中年期、壮年期、高齢期

　生活歴には、おおよそ6つのステージがあるとみなすことができます。

その時々で住まいや暮らし方が大きく異なる人もいます。とくに70～90歳代は「戦前戦中派」の生まれで、その生活歴には戦争がなんらかの影を落している場合が少なくありません。

戦前戦中派

　子どもの頃や若い頃、大人になってからというおおまかな質問ではなく、人生のステージごとや「40代は～」のように年代ごとに数字で区切って質問することで、利用者（家族）も思い出しやすく、回答も具体的になります。

　なお、この場合も質問する目的を最初に伝えて行うようにしましょう。

●幼少期（0歳～12歳以下）
☐「小さい頃はどのようなお子さんだと近所では言われていましたか？」
☐「尋常小学校の頃の友だちにはどのような人がいましたか？」

●思春期（13歳～18歳以下）
☐「10代はどのような勉強や運動に熱中されていましたか？」
☐「10代の頃、お家ではどのようなお手伝いをされていましたか？」

●青春期（19歳～30歳未満）
☐「戦地から戻られて、どのような仕事に就かれたのですか？」
☐「どのようなご縁で結婚されたのですか（夫婦になられたのですか）？」

●中年期（30歳～40歳未満）
☐「30代にご家族（お子さん）は何人ぐらいになられていましたか？」
☐「当時を思い出すと子育てでどのようなご苦労がありましたか？」

●壮年期（40歳～60歳未満）
☐「ご両親の介護などの経験はおありですか？」
☐「ご家族の思い出ではどのようなことが印象に強く残っていますか？」

●高齢期（60歳～現在）
☐「定年退職以降はどのような暮らし方をされてきましたか？」
☐「いま、日々の暮らしで大変と実感されるのはどのようなことですか？」

生活歴の「出来事」から人生の「道のり」をさかのぼる

　生活歴には、その方を象徴するさまざまな「出来事」があり、人生の振り返りにそれらをたどっていく方法があります。その出来事にも年間を通じた恒例行事（例：初詣、花見、夏祭り、秋祭り、お盆、お彼岸など）と、人生の節目ごとに起こる出来事（例：結婚、出産、就職、転職、引っ越し、葬式など）の二つがあります。生活歴の中で起こった出来事を質問することで、人生の歩みだけでなく、家族や人との関わりを浮き彫りにすることができます。

恒例行事

　とくに恒例行事には地域社会の「絆」としてしっかり伝承されてきた歴史があります。これらを維持するために多くの人々が何らかの役割を担っ

地域社会の「絆」

てきました。神社の氏子やお寺の檀家、町内会や老人会・婦人会・青年団など地域の団体に関わることで、「地域のつきあい」も広がり、地域の恒例行事への参加も多くなります。地域社会との関係性の中でつちかわれた「出来事」も広く「生活歴」ととらえることで、多面的・立体的なアセスメントが可能となります。

　なお、日本の会社では「家族型経営」のもと、これらの恒例行事が「勤務先」(会社等)でも行われてきていますので、男性などのアセスメントではこの話題をもち出すと、より多くの人生における重要な出来事や大切にしてきたことなどを引き出すことができるでしょう。

家族型経営

- ☐ お祭り　　：「夏や秋のお祭りにはどのように関わってこられましたか？」
- ☐ 檀家・氏子：「檀家さん(氏子さん)としてどのようなご苦労がありましたか？」
- ☐ つきあい　：「地域のおつきあいではずせないことはなんですか？」
- ☐ お花見　　：「お花見は、どのような顔ぶれでされていましたか？」
- ☐ 老人会　　：「老人会ではどのような役をされていましたか？」
- ☐ 婦人会　　：「婦人会ではどのようなところに旅行に行かれましたか？」

私の質問フレーズ / My Question

- ☐
- ☐
- ☐
- ☐
- ☐
- ☐
- ☐
- ☐

オリジナルの質問をつくってみよう！

2 「職業歴」を質問しよう!

職業歴をアセスメントすることで、人生の価値観や考え方の傾向、身についた習慣、楽しみとつらさ、人間関係の作り方など、高齢者によって異なる「こだわり」を把握することも可能です。

<small>こだわり</small>

人生で就いた「職業」をきく──1次産業、2次産業、3次産業

<small>職業の類型</small>

まずはどのような仕事(職業)に就いてこられたかを質問します。職業の類型には主に第1次産業(農業、漁業、林業など)、第2次産業(鉄鋼・自動車、家電製品などの製造業)、第3次産業(販売、流通、運送、サービスなど)などの分け方があります。具体的にどのような職種・会社で働いていたかを語ってもらいましょう。職業には人生遍歴があらわれ、その職業を選んだ背景に人生の希望や家庭の事情や苦労、その人の好みや得意なことが垣間見えることになります。

● 「職業歴」(転職歴)を時期・年齢で質問する

生涯一職業(一企業)という人もいれば、戦時中・終戦後・高度経済成長期や年代などによって転職せざるをえない人もいます。地方によっては冬期には都市圏や工業地帯に「出稼ぎ」という働き方がありました。また家業を継いだり、その関連の仕事を行うことなども一般的でした。

<small>出稼ぎ</small>

年代やその当時の主な出来事を例に出し、質問をしてみましょう。

- □ 家業　　　：「ご実家はどのようなお仕事をされていましたか?」
- □ 戦時中　　：「終戦前はどのようなお仕事をされていましたか?」
- □ 終戦後　　：「終戦後はどのような仕事に就くことができましたか?」
- □ 1960年代：「東京オリンピックの頃はどのようなお仕事でしたか?」
- □ 1970年代：「大阪万博の頃はどのようなお仕事に就いておられましたか?」「どの地域で働いていらっしゃいましたか?」
- □ 1980年代：「バブル経済の頃はどのようなお仕事でしたか?」

職業歴

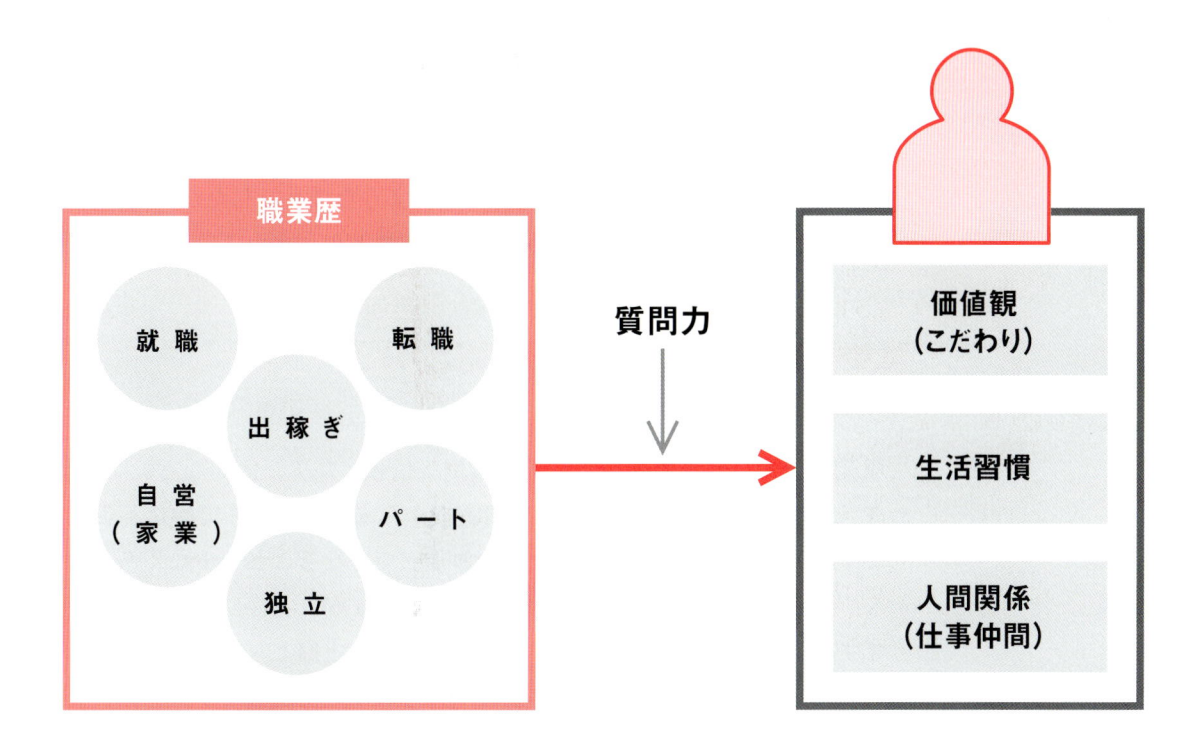

- 就職
- 転職
- 出稼ぎ
- 自営（家業）
- パート
- 独立

質問力 →

- 価値観（こだわり）
- 生活習慣
- 人間関係（仕事仲間）

● 「仕事の内容」を質問する

　職業がわかれば、次に働きはじめた年齢やきっかけ、業務内容などを「開いた質問」を活用しながら話題を広げます。会社勤めでも次のような質問で仕事の中身を把握することができます。

☐ 役割：「お仕事は事務方なのか現場なのか、どちらでしたか？」
☐ 立場：「部下は何人ぐらいいらっしゃいましたか？」
☐ 転勤：「○○のお仕事で遠くまで転勤されたこともありましたか？」
☐ 苦労：「いま思い出して、どのようなつらいことがありましたか？」
　　　　「仕事を覚えるためにどのようなことに苦労されましたか？」
☐ 成功：「ご自分で自慢できるようなことはどのようなことですか？」
　　　　「いまでも誇らしく思える仕事はどのようなことですか？」

● 「働き方」を質問する

　職業ごとに「働き方」は異なります。会社や行政機関に勤めている人は、正社員、契約社員、パートとして勤務時間が決まっているものですが、農業や林業・漁業、自営業（商店、理美容、町工場等）では、その働き方もさまざまです。養豚・乳牛などでは365日間休みなしの働き方となります。

　また、かつては仕事と家族は「近い関係」にありました。専業農家は家族全員が関わり（三ちゃん農業）、兼業農家はほかに正規の仕事を持っているのが一般的でした。また町工場や商店では社長・店主が夫であり、経理が妻、長男が専務という家族経営も多くみられるパターンでした。

三ちゃん農業

☐ 働き方：「何時から何時くらいまで働いていらっしゃいましたか？」

　　　　　　　「若い頃はどれくらい働いていらっしゃいましたか？」
□季節　：「季節に応じて働く時間がちがっていましたか？」
□立場　：「部下を持つようになって働き方がどのように変わりましたか？」
□苦労　：「働いていて一番のご苦労はどのようなことでしたか？」「ご主人の仕事を支えるために、妻としてどのようなご苦労をされましたか？」

職業が影響する「価値観(こだわり)、生活習慣、人間関係」

　職業はその人の価値観や生活信条（例：信頼、誠実、倹約など）、こだわり（例：時間に正確）、朝夕の生活習慣から人間関係にまで幅広く影響します。職業が「その人らしさ」を知る手立てとなることも少なくありません。男性の場合は外での仕事が中心となりますが、女性は家事中心となります。大正・昭和では外で働く女性は少なく、主婦として「家事を切り盛りし夫を支えること」が仕事と位置づけられていたからです。

●「価値観」を質問する

　家父長制が強い日本の社会では、戦前や戦後間もない頃は結婚や職業の決定、家督の相続も家長である父親の権限によるところが大きいものでした。しかし本人がその職業を続けるには、それ相応の理由や納得と「葛藤」があるものです。その背景には家の事情やこだわり、地域経済の事情（例：企業城下町、仕事が他にない）が反映しているものです。

企業城下町

□きっかけ：「どのような理由（きっかけ）でお仕事に就かれたのですか？」
□こだわり：「そのこだわりを持つようになったきっかけは何ですか？」
　　　　　　「仕事を続ける上で大切にしてこられたことは何ですか？」
□学び　：「お仕事を長年続けながら、どのようなことが身につきましたか？」「○○の技術を身につけるには、およそ何年かかるものですか？」
□他の職業：「もし他に選べたとしたら、どのような仕事に就きたかったですか？」「ご自分なりにやりたかった仕事は何ですか？」

●「生活習慣」を質問する

　仕事と生活習慣は農業や漁業、自営業なら密接に関わっています。会社員や公務員などの場合は出勤・帰宅がはっきりしていますが、農業や漁業は朝が早く、季節や天候に左右されやすいので、生活習慣も変化に富んでいます。仕事に関する質問を通して、かつての暮らしぶりや1日の流れをきいてみましょう。

□日常：「○○のお仕事だと、毎日はどのような暮らしぶりでしたか？」
□天候：「天候（例：晴れ、雨、雪）によって作業はずいぶんちがうの

ですか？」
- □季節　：「春や秋など季節によって暮らしぶりはどのようにちがうのですか？」
- □家族　：「○○の仕事だと、ご家族もそれに合わせた暮らしぶりとなるのですか？」

●「人間関係」を質問する

　仕事を通じて人間関係は広がります。農業・漁業・林業なら同業者の協同組合仲間があり、会社や行政なら上司、部下、同僚や遊び仲間など多彩です。家族に見せる顔と仕事関係での立ち振る舞いが異なることもよくあることです。また、いまもOB会や年賀状のやりとりでつながっている場合もあり、兵役の経験のある方は「戦友」としてのつながりがあります。仕事を通した人間関係の広がり・つながりをきいてみましょう。

立ち振る舞い

- □上司　：「尊敬をされていた上司（上官）はどのような方でしたか？」
- □同僚　：「仲の良かった同僚にはどのような方がいらっしゃいましたか？」
- □部下　：「とくにかわいがっていた部下はどのような方でしたか？」
- □OB会：「仕事関係のみなさんといまもおつきあいがありますか？」
- □思い出：「仕事で知り合った方でいまも印象に残っている（いまでも再会したいと思われる）のはどのような方ですか？」

私の質問フレーズ
My Question

- □
- □
- □
- □
- □
- □
- □

オリジナルの質問をつくってみよう！

3 「家族歴」を質問しよう!

家族の宝物　　家族歴の中にその人を知る手がかりとなるヒントや「家族の宝物」が隠れています。本人の価値観やものの見方の傾向、衣食住を含む生活習慣の様子、人としての強さと弱さ、家族・親族関係の支え合い度などを把握することも家族歴をたどることで可能です。

「2つの家族」をきく──「育った家族、育てた家族」

　一般的に配偶者と子どものみで構成されるものを「家族」と呼びますが、ここでは誰もが持つ生まれ「育った家族」と、婚姻により築く「育てた家族」を質問してみましょう。

●「育った家族」を質問する

　育った家族の把握で大切なのは、どの年代の親にどのように育てられたかで、しつけや生活習慣に影響があることです。75歳～80歳代の高齢者の両親は明治20年代～30年代生まれであり、その祖父母は江戸末期・明治維新前後の生まれになります。戦前の日本では家督は男性が継ぐ「家父長制」が支配的でした。「イエ」の中では父親は絶対権力者であり、その考え方の基本には天皇制と儒教思想があり、それぞれの土地の風習や一族の特長も影響しました。

家父長制

家督の継承者　　家督の継承者として長男は別格で大事にされました。娘たちは家事の担
奉公　　　　　い手・嫁の予備軍であり、貧しい境遇では「奉公」という名の「働き手」となることもありました。

　戦前は3～7子をもうける「多産の時代」でしたが、兄弟姉妹が幼くして病死・若くして戦死などで他界していることも多く、いまも本人の「心の支え」となっている場合もあります。古い家族写真や仏壇の位牌などを話題のきっかけにすることができます。

　□父親　　：「○○さんにとって明治生まれのお父さんは、どれくらいこわい存在でしたか？」

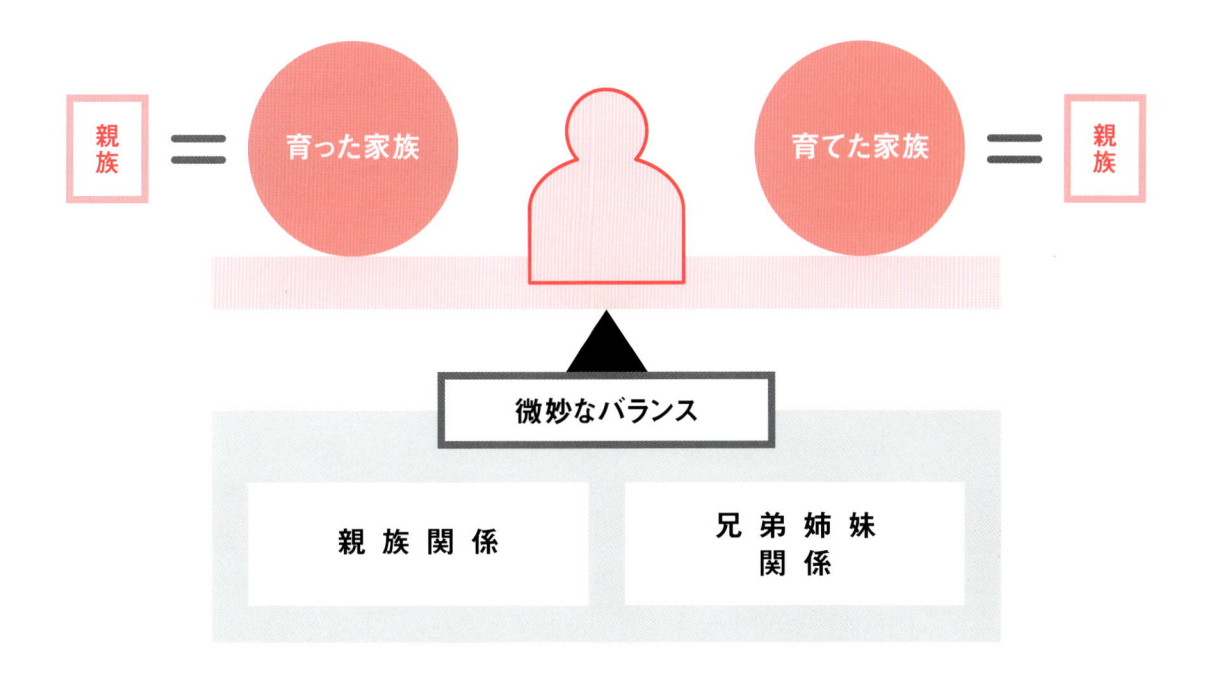

```
  親族 = 育った家族    育てた家族 = 親族
                  微妙なバランス
          親族関係    兄弟姉妹関係
```

- □母親　　：「お母さんの懐かしい思い出にはどのようなことがありますか？」
- □祖父母　：「おじいさま（おばあさま）はどのような人柄（性格）の方でしたか？」
- □兄弟姉妹：「ごきょうだいは何人ですか？　みなさんはいまもご健在ですか？　どのごきょうだいと一番仲が良かったのですか？」
- □親族　　：「ご親族で集まられる機会はこれまで年に何回ほどありましたか？」

● 「育てた家族」を質問する

　育てた家族は「婚姻家族」ともいえます。しかし戦前は「お互いの合意」が最優先される恋愛結婚ではなく、多くの結婚が家同士の了解のもと、仲人が仲介する「見合い」でした。夫は主に外で仕事をし、経済的責任を負い、妻は現代からは想像もつかない「厳格な嫁・舅姑関係」に縛られながら家を支える「家業分業の時代」でした。家計を握るのも夫や姑が当り前の時代でした。

　終戦後の混乱の時期を経て、やがて昭和20年代から30年代にかけて家族の様相は「核家族時代」となります。2〜4子が多く、「一姫二太郎」が理想と言われました。身内や地域の有力者の紹介でなく、職場の上司や仲間の紹介で結婚（職場結婚）することも多くなってきた時代でした。そして、少しずつ恋愛結婚が一般的となってきます。

- □きっかけ：「結婚されたご縁はどなたの紹介だったのですか？」

婚姻家族

一姫二太郎

- □結婚式　：「当時はどのような結婚式だったのですか？」
- □出産　　：「最初のお子さんを授かったとき、どのようなお気持ちでしたか？」
　　　　　　「お子さんは何人くらいほしいと思われていたのですか？」
- □子育て　：「お子さんの中で、どの方が一番手がかかりましたか？」
　　　　　　「子育てでは、どのような楽しい思い出がありますか？」
- □しつけ　：「子どものしつけでとくにがんばられたこと（こだわられたこと、苦労されたこと）はどのようなことですか？」

家族記念日　さらに家族には年間を通した「家族記念日」（誕生日、結婚記念日など）と「家族恒例行事」（正月、お盆、雛祭り、節句など）と「家族行事」（家族旅行、ドライブなど）があります。それらを尋ねることで家族の関わりの深さや多様さ、思い出を知ることができます。戦後はクリスマスなど家族行事の欧米化も進んでいます。どのようなプレゼントをあげていたかを尋ねることで、関係性やそれぞれの好みなどをうかがうこともできます。

- □記念日　：「お子さんの誕生日はどのように祝われていましたか？」
- □恒例行事：「お盆や正月にはお子さんたちがお孫さんを連れて帰って来られることも多かったのですか？」「クリスマスにはどのようなプレゼントをあげていらっしゃいましたか？」
- □家族行事：「これまでご家族で一緒に旅行に行かれることはありましたか？」「どのような観光地に旅行されましたか？」

●「親族・親戚」「もうひとつの家族」を質問する

親族（同族）意識　かつては家族意識より「親族（同族）意識」が重視されていました。また本人が成長し、結婚して子育てをする過程で、叔父・叔母との関係やいとことのつきあいなどが家族にさまざまに影響していることがあります。

- □伯父・叔父：「おじさんたちの思い出の中で、いまも忘れられないのはどの方ですか？」
- □伯母・叔母：「かわいがってもらったおばさんはどのような方でしたか？」
- □いとこ　　：「年をとってからもつきあいがあるのはどのいとこさんですか？」「いまも頼りにされているいとこさんはどの方ですか？」

　なお、戦後間もない頃は20～40歳代に配偶者の戦死・病死や離婚などを経て「再婚」をしている例はよくあります。その場合、子どもにとって「新しい父母」（継母、継父）との関係や関わりの程度が、介護や入院時の支え合い等にいまも「さまざまな影」を落としている場合があります。質問も配慮を持って行うようにします。

家族・親族内の「位置」をきく
──立場、考え方（こだわり）、態度、関わり

　私たちは家族・親族内の「位置」関係で、責任を持てること・持てないこと、言えること・言えないこと、判断できること・できないこと、やれること・やれないこと、遠慮すること・しないことなどがあります。親族は「身内」であり、身内の恥となることは口が重くなりがちです。親族だから頼れるはずと思うことも、数十年の関係や親族間の「貸し借り」関係が影響していることにも配慮が必要です。きわめて微妙なバランスに配慮をしつつ尋ねてみましょう。

「位置」関係

「貸し借り」関係

●「兄弟姉妹」間の位置を質問する

　戦前の家父長制の下では長男が家督継承者となっていましたが、本家を継ぐことは盆と正月など一族に関わる行事を担う苦労を伴うものでした。長女は嫁いでも兄弟姉妹間では相応の位置を確保しているものです。次男・三男、次女・三女などの位置と立場、苦労などをききます。

家督継承者

- ☐ 位置：「○○さんのお立場でどのようなご苦労がありましたか？」
- ☐ 配慮：「いまでも関わり方でどのようなことに気をつかわれていますか？」

●「親族関係」等の位置を質問する

　親族でも「本家と分家」「父方と母方」によって、位置と立場はとても微妙です。そのバランスが表にあらわれるのが葬式や結婚式などの席順、並び順です。

- ☐ 位置：「○○式の際はどの順番に座られていたのですか？」
  「○○式でいつも挨拶に立たれる方はどなたでしたか？」

私の質問フレーズ　My Question

- ☐
- ☐
- ☐
- ☐

オリジナルの質問をつくってみよう！

4 「趣味歴」を質問しよう!

職業歴とは異なり、趣味歴には本人の「才能」や「好み、夢、憧れ」などがはっきりとあらわれます。若い頃から続けている趣味もあれば、40代〜60代にあるきっかけで始めた趣味まであります。趣味は「人生の彩り」であり、高齢者の「心の支え、意欲の源泉、生活のハリ」ともなります。質問力で利用者の個性あふれる楽しい「趣味歴」をきいてみましょう。

楽しい「趣味歴」

人生で楽しんできた「趣味歴」をきく
──室内趣味、屋外趣味、伝統芸能

趣味にもさまざまなタイプがあります。仕事の延長で趣味に出会った人や仕事とまったく関係ないことを趣味にする人、本業にすることをあきらめたことを趣味で楽しむ人、たまたま誘われたことが趣味になった人などがいます。若い頃の夢を60代でようやく趣味として始めた人もいます。「趣味の世界」は男女の違いや個性もはっきりとあらわれます。

●「室内趣味」（インドア派）を質問する

室内で行う趣味にはカラオケなど男女共通で楽しめるものもありますが、性差によってかなり好みが分かれるようです。男性は読書（とくに歴史物）や将棋・囲碁など知的なものや麻雀・パチンコなどの賭けごと、切手・骨董品・陶器などの収集を好み、女性は絵画・華道などの感性・癒し系や編み物・パッチワークなどの手先の器用さを活かしたものを好む傾向にあるようです。

- 男性：囲碁、将棋、盆栽、写経、俳句・短歌、パチンコ、麻雀、骨董品、写真など
- 女性：水彩画、俳句・短歌、裁縫、華道、茶道、大正琴、日本舞踊、読書、ヨガ、料理、旅行、絵手紙など

室内趣味
鑑賞・観戦・見学

室内趣味は1人でできるものが多く、要介護状態になっても続けることは比較的可能です。自分で行うことはできなくなっても、「鑑賞・観戦・見学」することで満足感を得ることもできます。入院・入所しても長く続

第4章 「質問力」でアセスメント!

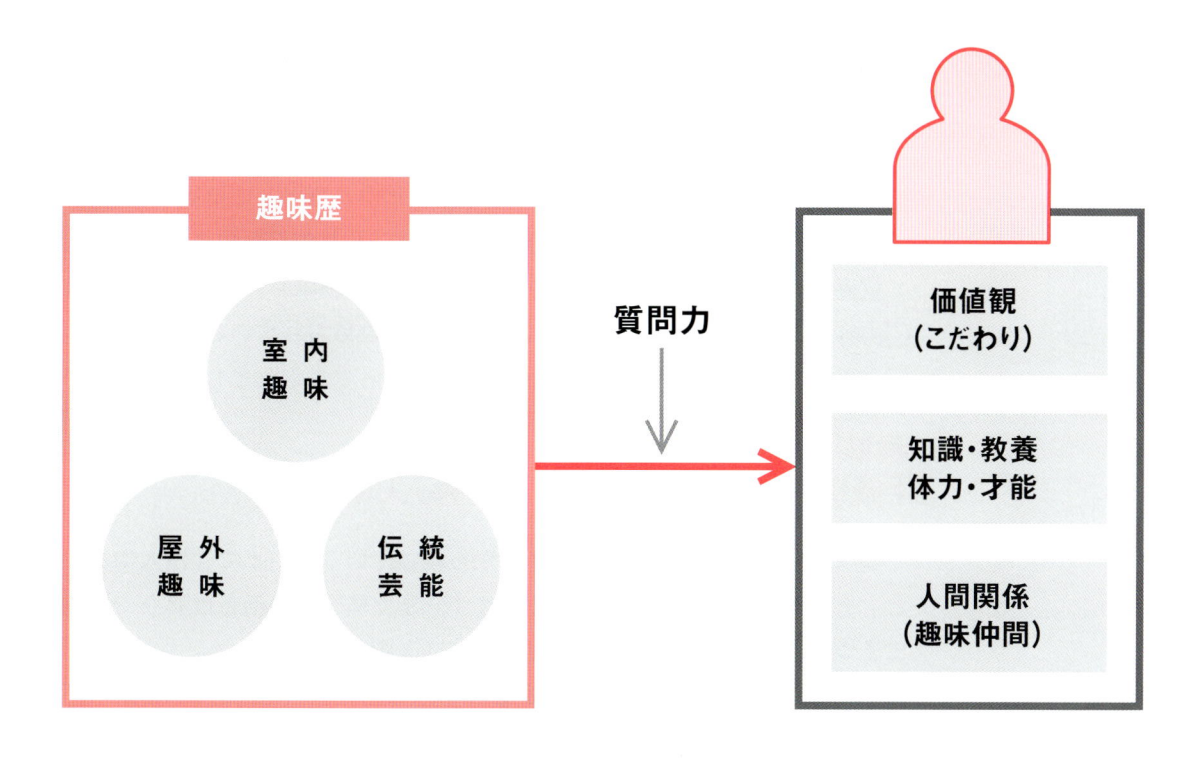

[図: 趣味歴（室内趣味、屋外趣味、伝統芸能）→ 質問力 → 価値観（こだわり）／知識・教養 体力・才能／人間関係（趣味仲間）]

けられるのが室内趣味です。
- □期間　：「○○の趣味はいつ頃から、どのようなきっかけで始められたのですか?」
- □楽しさ：「この趣味はどのようなところがおもしろいですか?」
- □発表　：「これまでなにかの展示会で発表されたことはありますか?」
- □費用　：「○○の趣味にどれくらいかけてこられましたか?」（とくに男性が喜ぶ質問）

●「室外・屋外趣味」（アウトドア派）を質問する

　屋外で楽しむ趣味には個人よりはチームで楽しむ、遠出をする趣味が増えます。男性のほうが行動的な趣味となり、女性は観劇など芸術系の趣味を楽しむ人が増えます。男女共通ではゲートボールなどがあります。
- ●男性：川釣り、海釣り、カメラ、ゴルフ、ジョギング、社交ダンス、草野球、登山など
- ●女性：観劇、音楽鑑賞、コーラス、フラダンス、社交ダンス、ハイキング、旅行など
- ●共通：ゲートボール、食べ歩き、史跡散策、野菜作りなど

　元気な高齢者が増え室外・屋外趣味も多様になっています。要介護状態になる「以前の趣味」を聴くことで本人の生きがいや意欲を把握するきっかけとすることができます。

以前の趣味

- □動機：「○○の趣味はどのようなきっかけで始められましたか?」
- □仲間：「○○の趣味はどのような方たちと楽しんでこられましたか?」

□印象：「これまで行かれたところでどこが一番印象に残っていますか？」

伝統芸能
●「伝統芸能」を質問する

趣味以外にも地元の伝統芸能（神社の神事、祭り囃子など）や無形文化財の守り手として20〜60代まで関わってきた経験を持つ高齢者は、中山間地などには多くいます。これらは夏や秋の年中行事として位置づけられ、地域の担い手の大切な役割でした。ここでは伝統芸能も趣味のひとつとして位置づけ、どのような関わりをしてきたのかを聴いてみましょう。

□内容：「○○のお祭りにはどのような意味がこめられているのですか？」
□立場：「そのお祭りではどのような役割を担ってこられましたか？」

趣味から浮かび上がる「価値観（こだわり）、知識・教養、人間関係」

趣味の話題では、始めたきっかけから続けている理由まで「個人的なこと」をたくさん引き出すことができます。また職業や生活とは異なる趣味にまつわる知識・教養から人間関係まで浮き彫りになります。

●「価値観（こだわり）」を質問する

魅かれてしまう理由　　趣味の質問はやり続けている理由でなく、「魅かれてしまう理由」を尋ねる質問が肯定感も生まれ効果的です。趣味と人生観・生きがいがどのように関わっているのかきいてみましょう。ここで配慮したいのが、本人がこだわる「レベル」です。一定の身体能力を求められる趣味ほど、高齢化や心身機能の低下の影響で「レベルの低下」は否めません。安易な「お上手ですね」のひと言が相手に失礼になることもあるので注意をしましょう。むしろ以前と比べて増えた苦労などを尋ねるとよいでしょう。

レベルの低下

□魅力　　：「○○さんを長く夢中にする魅力ってどんなことですか？」
□こだわり：「○○の趣味でこだわってこられたことはどのようなことですか？」
□レベル　：「ご自分で評価すると、いまの仕上がりはどのレベルですか？」
□苦労　　：「以前に比べてどのようなことがつらくなってきましたか？」

●「知識・教養」を質問する

人は自分の好きな分野や趣味なら、本やテレビだけでなく教室などに通ってまで積極的に学ぼうとする人がいます。つまり趣味にも楽しんで行うエンジョイ派と、一歩踏み込んでその歴史や背景、仕組み・構造までじっくり掘り下げることで楽しむ探求派がいます。

玄人はだし
新たな喜び
話す喜び

野菜作りなら野菜ごとの特徴、肥料の配分、手入れのコツだけでなく、土壌分析、土壌改良など玄人はだしの人もいます。とくに男性の場合は知識・教養を広げることが「新たな喜び」となる人も多く、それを質問されることでさらに「話す喜び」を見出すことになります。

□知識：「○○の趣味ではどのような知識が必要なのですか？」

- □知識：「○○の趣味を極めるにはどのような分野の知識が求められますか？」
- □技術：「レベルアップを図るために、どのような技術をこれから磨いていこうと思われていますか？」

● 「人間関係」を質問する

趣味は老若の年齢差を軽々と超えて「同好の士」を結びつけ、「わかりあえる関係」をつくってくれます。同じ趣味の話題なら何時間でも語り合える「特別な人間関係」が生まれます。長いつきあいを通じて個人的な相談相手になっている場合もあります。入院等のお見舞いをするのも、この同好の士であったりします。

本人がサークル・グループに所属するか否かだけではなく、その趣味を通じてどのような人間関係の「広がり」が生まれているかを把握しましょう。またインターネットを通じて在宅で参加・交流を続けることも可能な時代になっています。多様な楽しみ方と参加方法があることも情報提供しましょう。

同好の士

特別な人間関係

- □仲間　：「趣味を通じてどのような方々と知り合いになりましたか？」
- □先生　：「上達するうえでお世話になった先生(師匠)や仲間はいらっしゃいますか？」
- □行事　：「同じ仲間で旅行などをされる機会などはありましたか？」
- □広がり：「これからも、どのような広がりをつくっていきたいと思われますか？」

私の質問フレーズ
My Question
- □
- □
- □
- □
- □
- □

オリジナルの質問をつくってみよう！

5 「人柄・性格」を質問しよう!

　本人が自分の人柄・性格について語る内容は、本人がどのように自分を受けとめているか、その自己評価を知ることにもなります。高齢者となれば、30〜40代と異なり自分自身を客観的に受けとめるだけの経験をしているものです。どのようなタイプの人かと判断する前に、本人が「自分をどのように理解しているか」を尋ねてみましょう。

自分の「人柄・性格」の理解に「自己イメージ」が表れる

　人柄や性格にはそれぞれに特徴があり、歴史があります。少年少女期の頃のままの人柄の人もいれば思春期や青年期・壮年期のさまざまな体験を経て人柄や性格がやさしくなった、落ち着きが生まれてきた人もいるでしょう。また高齢期に入り極端な人柄がでてくる人もいれば、認知症などで抑えていた感情の「タガ」がはずれて、幼少期の人柄や性格が表面にあらわれるタイプの人もいます。

感情の「タガ」

　人は案外と自分の人柄や性格を自覚していません。周囲と本人の自覚がずれていることも多いものです。ここでは人柄を4つのタイプに分類して、本人への理解を深める質問を組み立ててみましょう。

仕切り型

●「仕切り型で周囲を威圧してしまう人柄」を質問する

　周囲に命令し全体を仕切ることが好きなタイプです。指図されることは極端に嫌い、人を寄せつけない威圧的な印象を与えがちの人がいます。自分中心で、気にくわないと怒り出す、へそを曲げるなど態度や表情にすぐに表れます。やさしい感情を表すのが苦手で、弱みを見せないために相手を責めることもします。

弱みを見せない

　このタイプの人はかつて会社の社長や役員など組織のリーダーを経験した人に多く、自信家でやってきたために、老化や要介護状態となった自分の受容に時間がかかり、怒りっぽくなったり、乱暴な態度や言葉づかいになりがちです。一方で弱音やもろさを持ち合わせています。

受容に時間

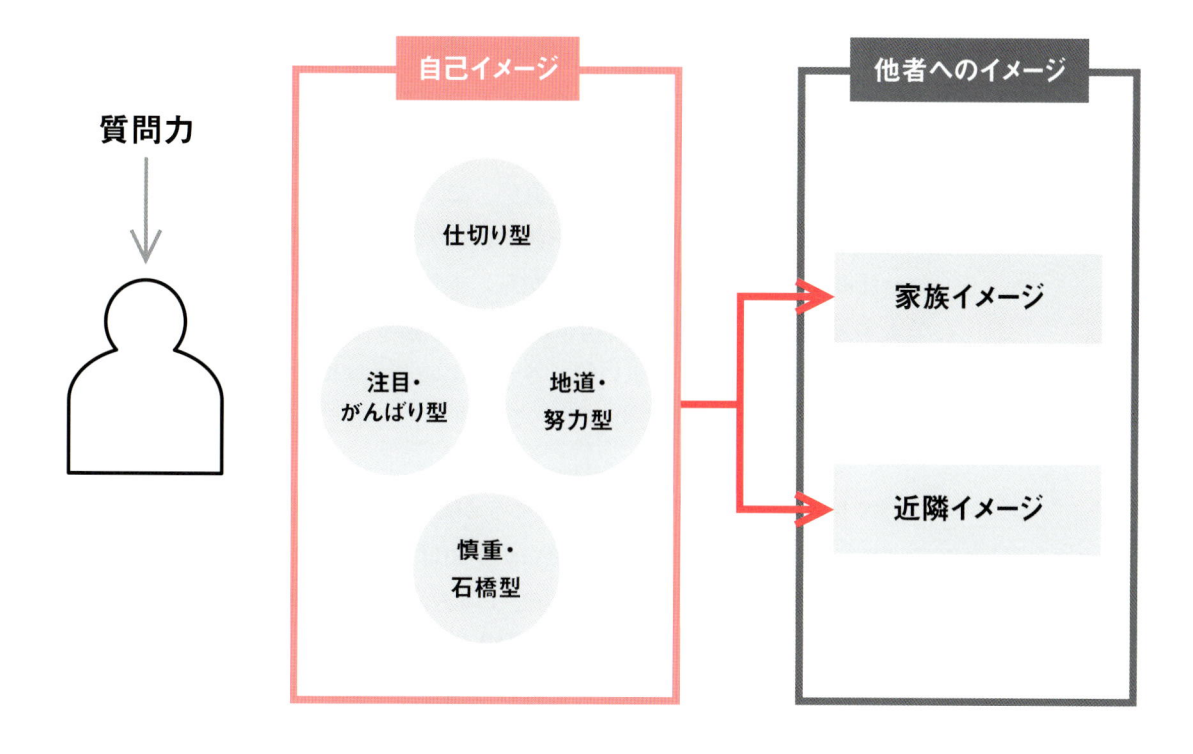

□印象：「周囲の家族の方にはどのような印象を持たれていると思いますか？」
□感情：「どのようなときに感情的（怒り、喜び）になりますか？」
□強み：「つらいときにはどのように乗り越えてこられましたか？」
□弱み：「いままで弱味をみせることができなくてつらかったような経験はありますか？」

●「明るい雰囲気で周囲を楽しくさせる人柄」を質問する

　周囲を明るい雰囲気に包むことが好きなタイプの人は、デイサービスでも人気者です。話題の中心にいつもいて、周囲からほめられたり、のせられ注目されるとさらにがんばる人柄です。失敗談もふくめて身振り手振りで話すのでどこか憎めない印象があります。楽しいことが好きで地域行事などにも積極的に参加されてきた経験を持っています。細かいことを気にしないので周囲は楽ですが、一方であきっぽい面や気分屋の面があります。話すのが好きですが、相手の話を聞くことが苦手で、周囲から浮いた印象になる危険もあります。

身振り手振り

□役割：「人が大勢集まる場ではどのような役割を担ってこられましたか？」
□感情：「楽しい場が好きですか？　それともじっくり話をする場が好きですか？」「どういう人といると楽しいですか？」
□印象：「これまでみなさんからどのように言われてきましたか？」

●「やさしくコツコツ地道に努力する人柄」を質問する

「いい人」タイプ　　「いい人」タイプで人間関係をなによりも大切にします。人の気持ちに敏感で、ものを頼むと「いいですよ」と相手にとって気持ちの良い返事を返してくれます。その裏返しに断ることが苦手で、自分の感情を抑えがちです。理屈や建前より「感情・直感」で受けとめ、何をとるにもじっくりと考えるほうですから、判断や決断にはいつも時間がかかります。強く言われると相手を気づかう気持ちから、本音とは違う行動をとることもあります。周囲からの感謝や愛情にはとても敏感です。断われない性格なため、

悪質訪問販売　　悪質訪問販売などには狙い打ちされやすいタイプです。

- □関係　　：「頼まれたり頼られると無理して応えようとされたことはありましたか？」
- □ストレス：「人間関係ではイライラがたまったりするほうですか？」「人間関係では好き嫌いが多いほうですか？」
- □対応　　：「どのような言い方をする人が苦手ですか？」

●「理屈っぽくて論理的に考え議論が好きな人柄」を質問する

石橋を叩いて渡る　　常にものごとを慎重に考え、失敗しないように「石橋を叩いて渡る」タイプです。感情やムードに流されたり、失敗や間違いを嫌う（指摘されるのはもっと嫌う）ので、まずは疑い、自分なりに分析をします。対人関係は慎重で、大人数より「少数の深い関係」を好みます。信頼関係が深まるとようやく自分について話します。頑固、きまじめで孤独な印象を与えますが、意外と本人は「わが道を行く」で孤立を苦にしません。自分なりの基準がはっきりしているので、安易な励ましより、客観的なデータ（根拠）をもとに話すと話は盛り上ります。

- □性格：「まずは自分で納得しないとなにもしないほうですか？」
- □友人：「いまでもおつきあいが続いている幼なじみ、小中学校時代の知り合い、職場の知り合いなどはいらっしゃいますか？」
- □印象：「ご家族からはどのような父親（母親）と思われていると思いますか？」

周囲の「人柄・性格」の理解に「人間関係」が表れる

　家族・近隣の支え合いの仕組みをつくるためには、本人が家族や周囲をどのようにとらえているか（例：好き、嫌い、苦手など）は大切な「判断材料」です。その距離感や理解のレベルが「支え合い」をつくる際に参考となります。しかし、あくまで本人が主観的にとらえている人柄・性格です。これもひとつの判断材料とし、「どうしてそう思うのか」をさらに深めましょう。また、この質問は過去の人間関係をさかのぼることにもなるため、本人にとってつらい質問かもしれません。ここでも目的を伝え了解

をとってから始める配慮も必要です。

● 「家族」の人柄を質問する

　「育った家族」と「育てた家族」への印象はかなり異なります。配偶者や子どもへの印象も、子どもの育ち方や関わり方、家庭内不和、ケガや病気による入退院などさまざまな家族体験により印象は異なります。本人が家族をどうみているかと家族が本人をどうみているかが「くい違う」ことはよくあります。またその「すれ違い」が、家族間の「溝」としていまも続いていることを把握するきっかけにもなります。この質問への「答え」は家族の支え合いづくりの基礎データとして大いに参考となります。

すれ違い

☐両親　　　：「ご両親はどういう性格の方でしたか？」
　　　　　　：「○○さんにはやさしいご両親でしたか？」
☐配偶者　　：「奥さん（ご主人）はどういう人柄の方ですか？」
☐子ども　　：「お子さんたちはどういう性格の方々ですか？」
☐兄弟姉妹　：「ごきょうだいのみなさんはどのような人柄でしたか？」

● 「近所・近隣の人」の人柄を質問する

　近所づきあいでも「相性」によって関わりが深くなる人とほどほどの距離を置いてつき合う人の二通りがあります。関係が薄くても周囲の人の「品定め」は無意識のうちにしているものです。近隣の支え合いも、ただ近所というだけではなく、本人にとって「支えてもらいたい人」「お願いしやすい人」は5軒先の人かもしれません。近所・近隣の「人柄」の印象をきくことによって、本人と近隣との「距離感」を知ることが可能です。

距離感

☐相性：「ご近所の方々で比較的相性が合うのはどの方ですか？」
☐近所：「ご近所の方々はどういう人柄の方たちですか？」

私の質問フレーズ / My Question

☐
☐
☐
☐
☐

オリジナルの質問をつくってみよう！

6 「人間関係」を質問しよう!

　私たちはさまざまな人との関わりの中で暮らしています。身近でいざというときに頼りにしたい家族・親族の人間関係から、勤め先の人間関係、近所・近隣・集落の人間関係、趣味などを基本としたサークルや教室の人間関係があります。男性ならお酒を通じたつきあいがあり、女性なら趣味サークルやパート仲間などを起点とした人間関係もあるでしょう。

　高齢となった現在はつきあいは疎遠になっていることも多いでしょうが、年賀状や電話でのやりとりは続いていたりします。なにより心の中で息づいている「その人々」を質問力で甦らせてみましょう。

「生育歴」の人間関係を浮き彫りにする

　一般的に、生まれてから60歳代にいたるまで友人・知人を含めた人間関係は広がり続けます。しかし70歳代以降、人間関係は狭くなるだけでなく、訃報を受け取ることが増え、「お葬式」がかつての幼なじみや友人・地域の人々や親族などとの貴重な再会の場となります。生育歴ごとの人間関係に着目してみましょう。

貴重な再会の場

●「生活共同体としての人間関係」を質問する

　かつての日本では地域の地場産業と近所・近隣は密接な関係にありました。農村地帯では「集落」がひとつの生活共同体で、「結」（ゆい）という名の支え合いによる協働作業が一般的でした。単位は「班、組、地区」とさまざまですが、この支え合いで地域の河川や道路の補修（例：道普請、日役）も行いました。また戦前は「出征の式」が、高度成長期は「出稼ぎ」がこれらの単位で行われ、地区運動会など地域行事や消防団など防災活動もこれらが単位でした。このような地域の歴史を目安に、地域の人々がどのように支え合いをしてきたのかを導き出しましょう。

地域の地場産業

出稼ぎ

□集落：「戦前はこの集落ではどのような支え合いがあったのですか？」
□協働：「地域がまとまって行うことにはどのようなことがありまし

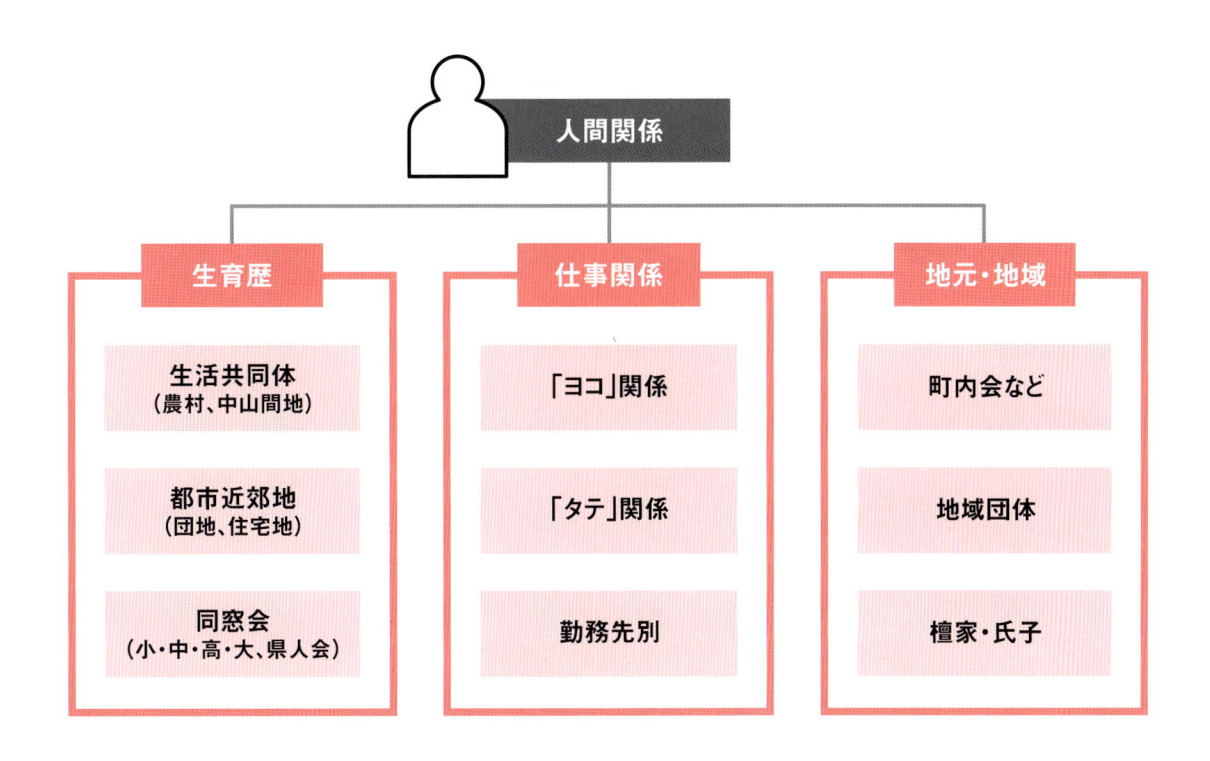

```
                    人間関係
    ┌───────────────┼───────────────┐
  生育歴           仕事関係          地元・地域
  生活共同体       「ヨコ」関係       町内会など
  (農村、中山間地)
  都市近郊地       「タテ」関係       地域団体
  (団地、住宅地)
  同窓会           勤務先別          檀家・氏子
  (小・中・高・大・県人会)
```

　　　か？」
☐行事：「地区の運動会や祭りなど地域の行事にはどのようなものがありましたか？」

●「近郊都市部の人間関係」を質問する

　都市近郊部は1960年代からの高度成長期に地方から出てきた人々によってつくられた歴史も浅い「造成された街」です。農村部のような緊密さはなく、「結」のような協働作業もないため、あいさつ・ゴミ出し程度の「最低限の関わり」で済むのが都市近郊部の人間関係です。また1980年代以降は長男長女との同居を前提とした「呼び寄せ」も多く、その場合は見知らぬ近所・近隣が「閉じこもり」の誘因にもなっています。

造成された街

最低限の関わり

☐住居歴　：「いつ頃から、どのようなきっかけでこの地域に住まわれることになりましたか？」
☐つきあい：「この地域で親しい方は何人くらいいらっしゃいますか？」
☐地元行事：「この地域の行事にはどれくらい参加されてきましたか？」

●「小学校・中学校・高校・大学、県人会」を質問する

　小・中・高校の集まりは卒業後は「同窓会」として行われます。同じ年次に卒業したクラス会・学年会もあれば、○○小学校、○○高校、○○大学同窓会のように「卒業生」という枠で集まる会もあります。戦前・戦中の大学生は「学徒出陣」という戦争体験もあり、とりわけ密な同窓会を開いています。頻度は毎年から数年ごとまでさまざまで、旧交を温め合う人間関係を導き出しましょう。

同窓会

旧交を温め合う人間関係

- □頻度　：「同窓会にはこれまで何回くらい顔を出されていますか？」
- □顔ぶれ：「どのような顔ぶれの人が集まりますか？」
- □話題　：「たとえば担任の先生などが来られると、どのような話題で盛り上がるのですか？」

「職場・仕事」の人間関係を浮き彫りにする

　外で働く男性（一部女性含む）は、地域の人間関係より職場の人間関係の広がりが主になります。かつては中学卒で働くこともめずらしくなく、40数年にわたる「勤め人」生活でさまざまな人間関係を作り上げています。そこに「転職」（例：漁師→タクシー運転手）や「出稼ぎ」経験があれば、さらに多様です。

　男性高齢者には職場・仕事を通した人間関係をきいてみることで、本人への理解を深めることができます。

●「役職別の人間関係」を質問する

　いわゆる「平社員」といわれる20代の「ヨコの関係」（同僚）から、30代以降の係長・課長・部長などの役職に就くことで「タテの関係」（上司、部下）に人間関係は広がります。

- □同僚：「20代に働いた職場でいまもおつきあいが続いている方はいますか？」
- □上司：「尊敬される上司にはどのような方がいらっしゃいましたか？」
- □部下：「部下の方にとって○○さんはどのような印象（上司）だったと思われますか？」

●「勤務先別の人間関係」を質問する

　戦後は農林漁業の衰退に合わせて、働く人も急成長する製造業・流通業に大きく移行しました。いまでは「単身赴任」が当たり前ですが、かつては全国を家族とともに引っ越す「転勤族」が一般的でした。また好景気を背景により稼げる職業への転職も多く、70年代に入るとインフレと教育費の高騰などで、女性もパートで働いたり内職で家計を支えることもありふれた光景となりました。

- □転勤　：「転勤では、これまでご家族と一緒に全国のどの県を回られましたか？」「お子さんの転校では、どのようなご苦労がありましたか？」
- □転職　：「転職先で人間関係をつくるにはどのようなご苦労がありましたか？」「これまでいくつの職業を経験されていますか？」
- □パート：「パート勤務ではどのような人たちとお知り合いになりましたか？」「これまでいくつのパートを経験されましたか？」

「農業など地場産業、町内会、地域活動」の人間関係を浮き彫りにする

　性別分業として女性には子育てと家を守る役割（家事、家業含む）が長く課されてきました。生家に暮らし続けるのはたいがいは長男であり、女性は「他家に嫁ぐ」ことにより、新しい土地で20代から夫と子どもと舅姑の世話を50数年にわたり続けながら、人間関係を築いてきました。

性別分業

●「ヨコのつながりの人間関係」を質問する

　かつては専業・兼業を含めるとなんらかのかたちで農業に携わる家は多く、主たる担い手は女性たちでした。農村婦人を対象とした農協婦人部のほかに、多くの女性が加わった地域婦人会など女性の「ヨコのつながり」は積極的に行われてきました。

ヨコのつながり

- ☐婦人会：「どちらの婦人会に入られていましたか？」
- ☐役職　：「婦人会の中では、どのような役職をされたことがありますか？」
- ☐旅行　：「婦人会の旅行でどこが思い出に残っていますか？」

●「町内会、檀家、氏子、地域活動などの人間関係」を質問する

　地域のつながりには、町内会のほかに寺を軸にした「檀家衆」、神社を軸にした「氏子衆」があり、その他に「講」と呼ばれる親族・近隣を超えた近しい者でつくるつながりもあります。地域によって呼び方や特徴は若干異なりますが、地域を別の面で深くつないでいるネットワークです。

檀家衆
氏子衆

- ☐町内会：「町内会でとくに親しくされているのはどなたですか？」
- ☐檀家　：「檀家さんは何人くらいで、どのような機会に集まられていますか？」
- ☐氏子　：「○○神社の氏子はほかにどのような方々がいらっしゃるのですか？」

私の質問フレーズ　My Question

- ☐
- ☐
- ☐
- ☐

オリジナルの質問をつくってみよう！

7 「ADL」を質問しよう!

日常生活動作である「ADL」は男女の区別なく共通に行う「生活行為」です。それぞれの項目ごとに本人なりの「自分流」がある個性的な行為ともいえます。アセスメントにあたり正確に把握することは重要ですが、本人にとってはとても答えづらい質問（例：排泄）でもあり、気恥ずかしいために比較的控えめな表現になったりしがちです。言葉で回答してもらうだけでなく、実際に動作をしてもらい「動き・動線」を観察することで、さらに掘り下げた質問を行って把握できることもたくさんあります。

「自分流」がある個性的な行為

動き・動線

「ひとくくりの生活行為」としてのADLをきく

個々の身体行為
生活行為

移動や食事などは、立つ、歩く、座る、噛むなどの「個々の身体行為」を複合的に行う、目的を持った生活行為です。単に全介助・半介助・自立と分類するのでなく、どの動作ができない（しづらい）ことが影響しているのか、一歩踏み込んだ質問力が求められます。また「できる、できそう、している」と「できない、できなくなりそう、していない」の複合的視点と同時に、いつまで行うことができて、いつからやりづらくなったのか、その時間経過を押さえるとともに、「どの場所で、どの時間帯で」なども大切な質問の視点です。

● 「移動する」を質問する

移動に関する質問は、場所（自室、浴室、居間、玄関、庭、道路、駅など）、時間帯（早朝、日中、夕方、夜間、深夜）、季節（春、夏、秋、冬）、移動手段（徒歩、杖、電動車いす、自走式車いす、介助式車いす、自家用車）、介助手段（配偶者、息子・娘、嫁、ヘルパー、福祉用具など）などの条件に範囲をつけることで本人（家族）は答えやすくなります。

☐場所　:「移動でつらい（不安）のはどちらの場所ですか？」
☐時間帯:「○○の場所に移動するのにつらい（不安）のは朝と昼と夕方と夜のどれですか？」

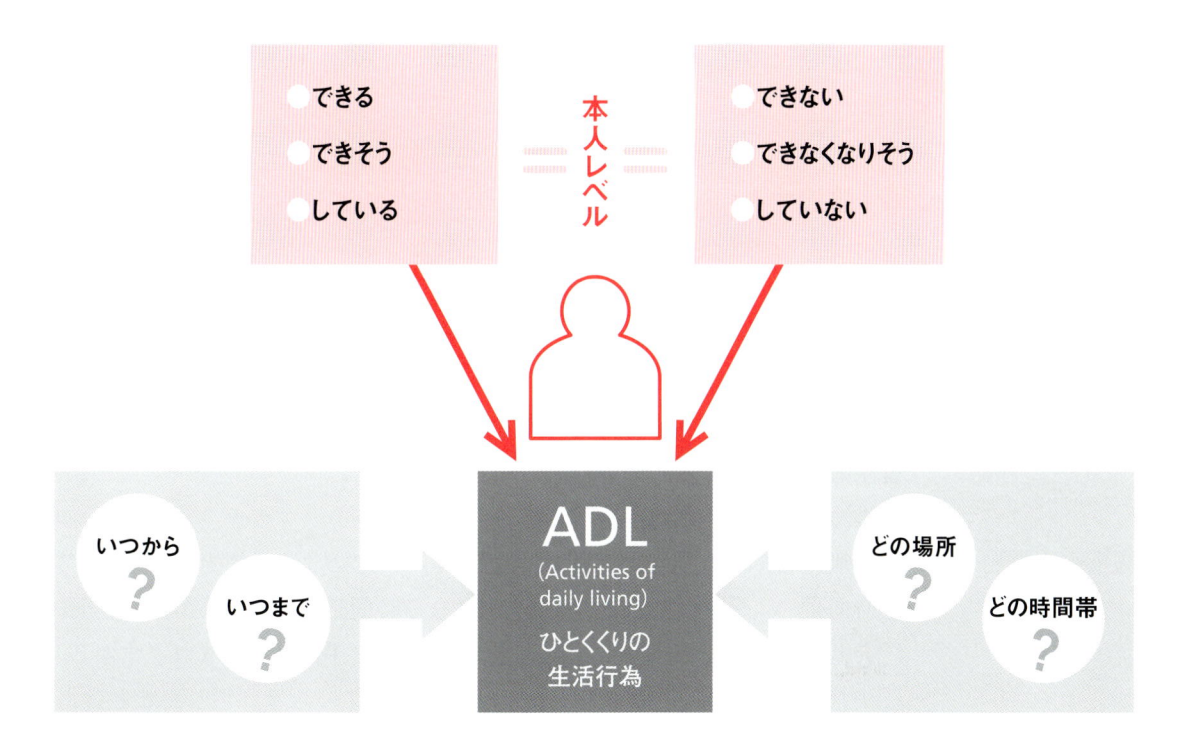

```
         ●できる                              ●できない
         ●できそう         本人レベル        ●できなくなりそう
         ●している                            ●していない
```

```
  いつから ?                                    どの場所 ?
           いつまで ?    ADL                    どの時間帯 ?
                      (Activities of
                      daily living)
                      ひとくくりの
                        生活行為
```

- □季節　　：「○○に移動するのにおっくうになる季節はいつですか？」
- □移動手段：「○○に行くにはどのような方法なら安心して移動できますか？」
- □介助手段：「○○への移動では、どなたに介助してもらうと安心ですか？」
- □時期　　：「いつ頃から移動するのが面倒になってきましたか？」

● 「食べる」を質問する

　食べることは私たちの日常生活の基本です。栄養面だけでなく、日々の「大切な楽しみ」の一つです。その人の生活歴や生活習慣、文化的経験や教養があらわれるのが「食文化」です。本人がどのような「食べる文化」を持ち、どのような食生活をしてきたのか、要介護状態となり治療食など制約のある食生活の中で「どのような食生活」を送り続けたいのかを質問しましょう。

大切な楽しみ
食べる文化

- □グルメ　：「いままでおいしかった料理にはどのようなものがありますか？」「また食べたい料理はどのようなものですか？」
- □人間関係：「どのような人たちとご一緒だと楽しいですか？」
- □思い出　：「○○さんにとってどのような料理がなつかしいですか？」
- □母の味　：「お母さんはどのような料理を作ってくれましたか？」

　また食べられない原因には「入れ歯が合わない、歯が痛い、喉が渇く、胸やけがする、腹が張る（減っていない）、味がわからない、噛めない、のみ込めない」などの身体的な要因もあるので、閉じた質問などで確認し、原因や具体的症状などを開いた質問で展開してみましょう。

□つらさ ：「食べづらい理由を教えていただけますか？」
□歯痛　 ：「食べものを噛むときに歯が痛みますか？」
□嚥下　 ：「喉がつまってうまくのみこめないときはありますか？」
□便秘　 ：「ここ2〜3日、お通じはありますか？」

●「排泄する」を質問する

答えづらい質問　　排泄に関する質問はもっとも質問されたくない、答えづらい質問です。排泄の困難さは、尿意・便意の有無から排泄行為そのものの機能低下もあれば、トイレへの移動・着衣の上げ下ろし・下肢の屈伸・拭く等の行為まであります。「ちょっとお話しづらいかもしれませんが」と配慮ある言葉

配慮ある言葉　を枕詞（まくらことば）で述べてから、質問をしましょう。相談援助職の性差や年齢差が影響する場合もあるので、格段の配慮をしましょう。

□排泄機能：「尿意（便意）は一日何回くらいありますか？」
□排泄行為：「トイレでしづらいと感じるのはどのようなことですか？」
□時間帯　：「トイレに行くのが心配になる時間帯はいつごろですか？」
□介助希望：「ご家族やヘルパーにどのようなお手伝いを望まれますか？」
□失禁有無：「これまで下着や衣服が濡れてしまったり、汚したことはありますか？」

●「入浴」を質問する

心地よさ　　入浴は身体を清潔にするだけでなく「心地よさ」を演出してくれます。
本人流　入浴方法にも長くなじんだ「本人流」があり、洗い方と洗う順番、お気に入りの石鹸やシャンプー、洗身用タオル、入浴剤まで個々それぞれに「こだわり」があります。本人のこだわりとともに、身体機能や疾患も大きく影響します。医師からの指示も含めて、どのような入浴を希望され、ご自身としてどこまで可能かを質問力で把握しましょう。

□こだわり：「お風呂の入り方にはどのようなこだわりをお持ちですか？」
□洗身洗髪：「どのような順番でどのように洗うのがお好みですか？」
□介助希望：「ご家族やヘルパーにどのようなお手伝いを望まれますか？」

●「整容・着替え」を質問する

容姿を毎朝整える「整容」には「自立した生活」意識が反映します。整容には「個性」がはっきり表れます。とくに女性の場合は「お化粧」が生
お化粧　活のハリとなる方も多く、どのような化粧をしてきたのか、なじみの美容室などを聴くことで人間関係も把握できます。同じく「着替え」も本人らしさと生活リズムを維持するうえで基本となる生活行為です。衣服を身体の保護、体温調節だけでなく、生活スタイル（生き方）・人柄・好み・憧
質問の「材料」　れを知る質問の「材料」としましょう。

なお、これらも上肢下肢の機能が影響します。やりづらさはどこからきているのか、具体的に把握しましょう。

□整容　 ：「毎朝、どの時間帯にどれくらいの時間をかけられますか？」

- ☐ 化粧　：「これまでどのようなお化粧をされてきましたか？」
- ☐ 衣服　：「いまの季節、着てみたいお好みの服はどのようなものですか？」
- ☐ 着替え：「着替えでやりづらくおっくうに感じるのはどのようなときですか？」

● 「体調、睡眠、水分」を質問する

　ADLやIADLの日常生活を支えるのは本人の体調です。「お変わりありませんか？」「元気ですか？」「大丈夫ですか？」といった質問では抽象的であり、遠回しに「我慢を強いる」表現ともなりやすく、回答する側もとまどいがちです。

「我慢を強いる」表現

　体調については、「つらい、凝る、だるい、眠い、ふらつく、痛い、張る、しびれる、むくむ」などの「体調不良のサイン（症状）」を質問のフレーズの中に組み込むと、回答する側も答えやすくなります。また期間を入れると、より具体的になります。

質問のフレーズ

- ☐ 体調：「ここ1週間、身体のだるさ（痛み、むくみ）はいかがですか？」
  「ここひと月間で体調でつらいのはどのようなことですか？」

　さらに、高齢者にとって睡眠が十分か、水分摂取ができているかは体調を把握する上では重要なポイントです。「たくさん、しばしば、かなり」などの抽象的な表現ではなく、「具体的な数字」を質問フレーズの中に組み込むこともしてみましょう。

　とくにトイレに行くのやオムツが汚れる回数が多かったり、頻尿の利用者は水分摂取を控え、「脱水状態」となる場合が多くあります。水分摂取することの大切さを指摘するだけでなく、どうしてそうなってしまうのか、その原因を浮き彫りにしましょう。

- ☐ 睡眠：「この2〜3日、睡眠時間は十分にとれていますか？」
  「何時頃に床につき、朝は何時に目を覚まされましたか？」
- ☐ 水分：「1日、何回くらいお茶やお水を飲まれていますか？」
  「水分をつい控えてしまう理由をおしえていただけますか？」

私の質問フレーズ / My Question

- ☐
- ☐
- ☐

オリジナルの質問をつくってみよう！

8 「IADL」を質問しよう!

　「暮らしを支える生活動作（手段的日常生活動作）」である「IADL」は、男女の性差がはっきりとあらわれる領域です。日本社会では家事は女性の役割で、「男子厨房に入らず」と育てられた男性たちにとっては、一見「できないこと」だらけです。しかし、なかには料理や洗濯、清掃に「職業」としてたずさわってきた男性もいます。一方、女性だから料理・洗濯が得意・好きとは限りません。「やらない・していない、好き・嫌い、得意・不得意」なことと、「できない、しない」ことは異なります。本人の育った家庭や地域の文化、これまでの生活習慣を含め、質問力を使って「暮らしの力」のアセスメントを進めましょう。

男女の性差

暮らしの力

「ひとくくりの生活行為」としてのIADLをきく

　調理、洗濯、掃除などは立つ、歩く、かがむ、握る、切るといった「個々の身体行為」をひとくくりにした目的を持った「暮らしの行為」です。IADLは幼少時や結婚生活、体験の中で「知り・教えられ・学び・工夫する」ことで身につけてきた性格のものです。「できる・できない」を心身の症状からアプローチするだけでなく、「知識」と「技術」（やり方）の習熟度と応用度、育った家庭やその土地の文化・生活習慣・生活環境に着目して引き出しましょう。

暮らしの行為

●「調理」を質問する

　調理は立位の行為です。まず下肢筋力が維持できるか、また包丁などの調理機材を扱うには上肢の動きや握力に無理がないかなどに着目しましょう。調理はプロセスごとに、「できていること・困っていること」を把握します。材料をそろえる（切る、むく、洗うなど）、調理機材を扱う（鍋、フライパン、ボール、調味料など）、料理する（焼く、炒める、茹でる、蒸す、漬けるなど）、盛り付ける（皿、鉢、箸など）のほかに、段取りよくできるか（認知機能）、調理機器の取扱い（ガス、ＩＨ機器、炊飯器、ポッ

立位の行為

第4章 「質問力」でアセスメント!

```
●生育歴                    ●躾(しつけ)・習慣
●結婚生活         ＋        ●知る・学ぶ
●生活体験                   ●教えられる
●仕事の経験                 ●工夫する
```

(暮らしの力)

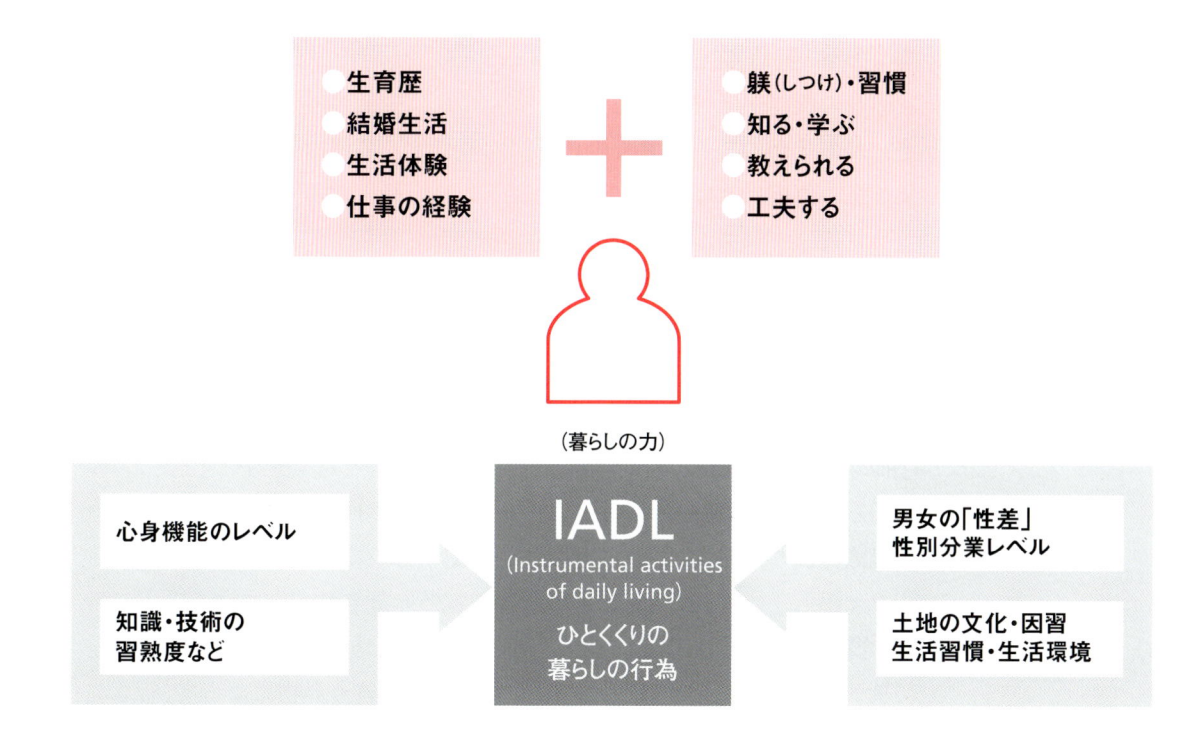

心身機能のレベル　　　　　　　　　　　　　　　　　　　　男女の「性差」
　　　　　　　　　　　　　IADL　　　　　　　　　　　　　性別分業レベル
　　　　　　　　　(Instrumental activities
　　　　　　　　　　of daily living)
知識・技術の　　　　　　　　　　　　　　　　　　　　　　　土地の文化・因習
習熟度など　　　　　　　　ひとくくりの　　　　　　　　　　生活習慣・生活環境
　　　　　　　　　　　　　暮らしの行為

ト、電子レンジ)がどの程度できるかも大切な視点です。
- □立位　　　：「立ったままの姿勢で料理は何分ぐらいできますか?」
- □素材　　　：「切ったりむいたりはどのように工夫されていますか?」
- □機材　　　：「鍋やフライパンを持てますか?」
- □料理　　　：「焼いたり炒めたり、どの料理方法がお好き(得意)ですか?」
- □調理機器：「炊飯器や電子レンジなどの取り扱いではどのようなことに困っていますか?」

● 「洗濯」を質問する

　家事の中でも洗濯は「重労働」のひとつです。洗濯は「洗う、干す、取りこむ、しまう」の一連の行為です。それぞれに何ができて、何に困っているかを把握しましょう。干す以外の行為の多くは洗濯機で行えますが、機能も「2槽式、全自動」からさらには「乾燥機付き」などもあり、それぞれに時間も手間も異なります。また設置場所(ふろ場、ベランダなど)によってやりづらさや干す手間も異なります。

　1週間単位や季節(冬場、夏場)ごとの洗濯の頻度、汚れモノが出た際の対処(分別)から、洗濯機器の取り扱いなどを介護者の力量(例：老老介護、体調)も含めて把握しましょう。

- □洗う　　　：「洗う際にどのようなことに困っていらっしゃいますか?」
- □干す　　　：「干すときにどのようなことがつらくなってこられましたか?」
- □しまう　　：「タンスにしまうことはつらくないですか?」

重労働

□洗濯機器：「洗濯機などの取り扱いで混乱したことはありますか？」

● 「掃除・整理整頓」を質問する

　心身の機能が低下し、認知症が進んだり、生活への意欲が減退してくると、おろそかになりがちなのが「掃除」です。部屋の散らかりは転倒やつまづきの原因になります。性格的に「きれい好き」の人にとって散らかった部屋はストレス源であり、健康状態にも影響します。かつての部屋の掃除へのこだわりや頻度をきき、どのような状態が快適かを、場所別（居間、台所、廊下、トイレ、玄関など）に浮かび上がらせましょう。掃除方法も、掃除機は無理でもほうきやハタキならば使えるなど、「可能な手段」を一緒に考える姿勢が大切です。

掃除へのこだわり

□掃除道具：「掃除をする道具で使いづらいのはどれですか？」
□掃除頻度：「部屋や台所はどれくらいの間隔で掃除されていますか？」
□掃除方法：「掃除はどのような方法（やり方）でされていますか？」
□ゴミ出し：「掃除で出たゴミはどうやって処分されていますか？」

● 「買い物」を質問する

　買い物は家から出かける「きっかけ」です。買う品物によって、行き先・頻度・切実度がわかります。また心身の状態が移動手段（徒歩、シルバーカー、自家用車など）に影響します。買い物には行きたいが「持ち帰りができない」などを理由に行かない人もいます。宅配サービスなどの情報提供をしながら質問を進めます。一般的に男性は外に出かけるきっかけとなる買い物は好きです。

移動手段

宅配サービス

□目的　：「どのようなものを買いに出かけられますか？」
□行き先：「買い物のために、どちらまで行かれるのですか？」
□頻度　：「買物は週（月）に何回くらい行かれますか？」
□移動　：「買い物に行かれる方法は歩きですか？シルバーカーですか？」
□楽しみ：「どのようなお買い物をされるときが楽しいですか？」

● 「金銭管理」を質問する

　金銭管理は生活の自立度の「もうひとつの尺度」とみなすことができます。財布を管理していることで、生活に責任感が生まれ、お金が手元で自由にできることは買い物などの自主性を保障することであり、「まだまだ何とかやれる」実感を抱きやすいものです。また足し算・引き算の「数の計算」ができることで認知機能のレベルをはかることも可能です。

もうひとつの尺度

足し算・引き算

□通帳　：「通帳が探しても見つからないという経験をされたことはありますか？」
□ＡＴＭ：「どこの自動支払い機を使われていますか？」
□釣り銭：「どのようなときに釣り銭の計算にとまどいますか？」
□計算　：「ひと月、生活費にどれくらい必要ですか？」
□振込み：「いまでも大きな買い物で振込みをされることはあります

か?」

●「服薬管理」(健康管理、セルフケア)を質問する

　ほとんどの利用者はなんらかの疾患をもっており、疾患別のかかりつけ医(例:眼科、整形外科など)からそれぞれに薬を処方されています。しかし物忘れや生活習慣の乱れ、生活意欲の減退から服薬が守られないことも起こりがちです。また薬の「多剤服用」や健康食品などとの「飲み合わせ」による心身のバランスの乱れやふらつきが起きていないか、服薬情報がかかりつけ医に提供されているかどうかなどは、アセスメントのポイントの一つです。本人及び家族の服薬への意識を探ることで、健康管理やセルフケアの状態を把握しましょう。

疾患別の
かかりつけ医

多剤服用
飲み合わせ

☐薬の種類　　:「1日に何種類ぐらいのお薬を飲まれていますか?」
☐服薬習慣　　:「お薬を飲むのをうっかり忘れたりすることはありますか?」
☐服薬指導　　:「お医者さんからお薬について注意を受けていますか?」
☐多剤服用　　:「どのお医者さんから、どの薬をもらっているのですか?」
☐飲み合わせ　:「お薬や健康食品を飲んで調子が悪くなったことはありますか?」

私の質問フレーズ　My Question

☐ _____
☐ _____
☐ _____
☐ _____
☐ _____
☐ _____
☐ _____
☐ _____

オリジナルの質問をつくってみよう!

9 「CADL」を質問しよう!

ADLは日常生活の動作、IADLは暮らしの動作です。この2つは生きていくための「手段」であり、目的ではありません。人生の目的は「その人らしさ」が反映したものです。その人らしさの中に、本人だけが持つ文化性（カルチャー：Culture）があります。これまでの人生の歩みの中で培われた「本人の価値観・こだわり・好み」があります。ADL、IADLにさらにプラスして「CADL」（文化的日常生活動作）を位置づけ、本人（家族）の「願い（Wish）」を質問力で浮き彫りにしましょう。

その人らしさ

文化的日常生活動作

「その人らしさ」としてのCADLをきく

ＡＤＬは食事、排泄など生活を営む上で不可欠な基本的生活動作の総称ですが、それらの行為を「どこで、どのように行うのか」によって、その具体的な方法は異なり、また「改善への動機づけ」も違います。つまり本人なりのこだわり、CADLの視点が重要となります。

改善への動機づけ

たとえば食事（例：京料理、フランス料理）、移動（例：映画館、展覧会、寺社巡り、コンサート）、入浴（例：温泉、ジャグジー、ミストサウナ）のように、本人の「Wish（願い）」に着目したとき、求められる心身の機能や意欲、必要となる周囲のサポートも異なってきます。

またIADLは幼少時や結婚生活、体験の中で「知り・教えられ（躾けられ）・学び・工夫する」ことで身につけてくるもので、そこにも「本人なりのやり方」があります。「できる・できない」を単純に判断したり、心身の症状のみからアプローチするだけでなく、「知識」と「技術」（やり方）の習熟度と応用度に着目し、家庭環境や生まれ育ったなじみの土地の文化・生活習慣・生活環境が深く影響している本人の「CADL」を浮き彫りにしましょう。

● 「こだわり」を質問する

こだわりには、第三者には気にならないようなことでも、本人にとって

第4章 「質問力」でアセスメント!

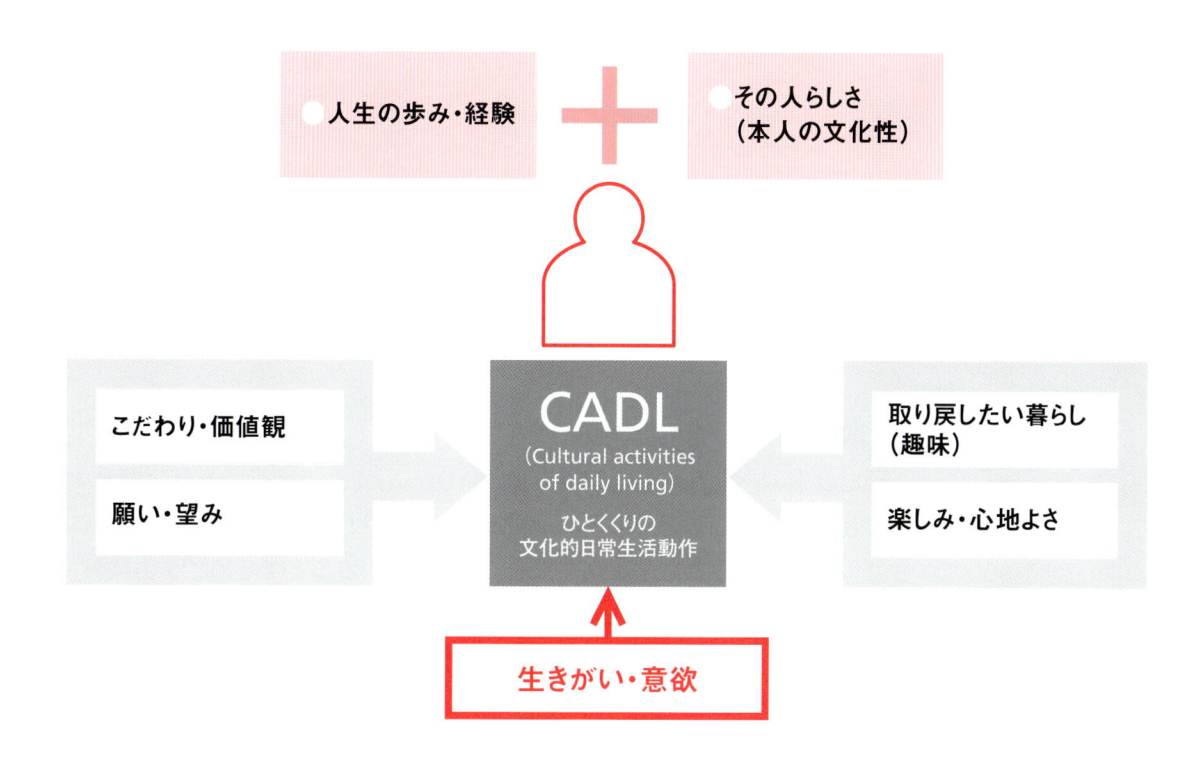

```
  ●人生の歩み・経験    ＋    ●その人らしさ
                              （本人の文化性）

こだわり・価値観  →   CADL   ←  取り戻したい暮らし
                 (Cultural activities   （趣味）
願い・望み            of daily living)
                 ひとくくりの       楽しみ・心地よさ
                 文化的日常生活動作

              ↑
         生きがい・意欲
```

「○○でなければならない」という執着に似た感情があります。たとえば、方法・順序へのこだわり（例：入浴時の洗身は洗髪から）や使用する品々（例：廊下は糠袋でカラ拭き、だし汁は利尻島の昆布）、身をおく環境（例：畳敷きの部屋、クラシック音楽が流れる居間）などへのこだわりこそ「個別性」ともいえます。その背景に子どもの頃の原体験や職業上の経験、身についた知識などがあります。それらを傾聴し尊重することで、本人の中に受容された安心感が生まれます。

□食事：「年に１回くらいはどのような場所で食事をされたいですか？」
□料理：「身体に無理がかからないようになったら、お孫さんたちにまた作ってあげたい料理はなんですか？」
□移動：「○○にはどのような服装でお出かけをされたいですか？」
□快適：「食事のときにはどのような音楽が流れているとよいですか？」

●「願い（Wish）・望み」を質問する

　願いとは「心の中で物事の成就を切望する」ことで、たやすく言葉にはできないこともあります。「○○になりたい」と思うレベルから、長年心で思っている念願（例：○○に会う）、悲壮感に近い悲願（例：戦友の墓参り）までさまざまです。

□思い：「歩くことが苦にならなくなったら、まずどこへ行きたいと思われますか？」
□念願：「ご自分でずっとやりたいと願ってこられたことはどんなことですか？」

【欄外注】
執着に似た感情
受容された安心感
物事の成就
念願
悲願
思い

望みは、「現在と将来に見込みを立てて、当てにする」ことで、○○を求めるレベルから、心待ちにする期待レベル、祈るような気持ちの熱望レベル、大胆な新しいことに挑戦する野心レベルまであります。

☐期待：「もう少し身体が楽になればどのようなことをやってみたいですか？」
☐熱望：「子どもの頃にどのような職業に就きたいと思っていましたか？」
☐野心：「若い頃に自分にはちょっと背伸びだけど、なんとかやりとげたいと野心を持たれていたことはありましたか？」（男性高齢者向き）

●「取り戻したい暮らし（趣味）」を質問する

課題設定でありがちな「誤り」は、ADL・IADLの達成のみを課題とすることです。あくまでそれらは手段であり、それらを行えるようになることで「可能となる暮らし（趣味など）」を記載することで「めざす方向性」が明らかになり、ケアチームの目線が一致します。「これからの暮らしをどうしたいですか？」の問いは、これからの生活にとまどっている利用者（家族）には「あまりに唐突な質問」です。むしろこれまで「可能だった暮らし（趣味）」を尋ね、そのためにどうすればよいかをともに考えることがアセスメントのプロセスでは大切です。

可能となる暮らし

☐家事　　：「これまで家事はどのようにされていましたか？」「これだけは自分でなんとかやりたいと思われる家事はどれですか？」
☐生活習慣：「これまでの生活習慣でなんとか取り戻したいことはどのようなことですか？」
☐家族　　：「家族でされてきたことで、また始めたいと思われるのはどのようなことですか？」
☐趣味　　：「体調が戻ればまた再開したい（始めたい）趣味はありますか？」

●「楽しみ・心地よさ」を質問する

人によって「楽しみ」はさまざまです。日々のテレビ、家族や友人との会話、買い物、散歩、ペットとのやりとりや世話、食事、入浴など、それぞれにその人なりの「楽しみ方」があります。また誰といるか、どのように自分が扱われるか、どのような環境にいるかなども「心地よさ（快適さ）」に大きく左右されます。

心地よさ（快適さ）

「どうして？」と疑問に思うような着こなしや食材や食べ方も「本人の楽しみ」です。しかし、介護されるなかで、そのことは「ぜいたく」や「わがまま」とあきらめてしまっている本人（家族）は多くいます。入浴方法でも「○○さんにとって……」と前置きをおくことで利用者（家族）は「自分流」を言ってよいのだと安心し、自由に語り始めます。それが個別性であり、それらを尊重することが個別ケアの第一歩です。語られる話を通じ

て、本人の生活歴や身についた生活習慣、こだわりを浮き彫りにします。
☐種類：「○○さんにとって1日の中でどのようなことが楽しみですか？」
☐理由：「○○に夢中になってしまう理由を教えていただけますか？」
☐時期：「いつ頃から○○に夢中になられたのですか？」
☐諦め：「いまの身体を理由に諦めてしまった楽しみはありますか？」

● 「生きがい」を質問する

　生きがいとは生きている「ハリ・値打ち」のことをいい、主観的に感じる日々の生活や出来事への「前向きな思い」です。自分が何かに役に立っている、周囲に良い影響を与えている、その見返りとして感謝される、周囲に認められるなど、他者との関係の中に「生きがいを感じる」と表現する人が多くいます。一方で機能訓練により「できなかったこと」ができるようになるなど、小さな成功体験やささやかな達成感が「生きがい」と答える人もいます。

　なにに生きがいを感じているか（かつて感じていたか）は、本人の人生やいまの生活への「評価」にも関わる大切にしたい質問です。

☐現在：「いまの暮らしでどのようなことに生きがいを感じておられますか？」
☐過去：「○○の頃、どのようなことが生きがいでしたか？」
☐行為：「どのようなことをしているときに生きがいを感じられますか？」
☐対象：「どのような方と一緒にいる（話している）と生きがいを感じますか？」

> ハリ・値打ち

私の質問フレーズ / My Question

☐
☐
☐
☐
☐
☐

オリジナルの質問をつくってみよう！

145

10 「疾患歴・治療歴」を質問しよう!

在宅療養支援診療所

　要介護高齢者となった方はなんらかの治療や処方を継続して受けています。在宅医療機器の改良とコンパクト化、訪問看護ステーションと在宅療養支援診療所の広がりで、医療依存度の高い高齢者も在宅や施設で生活を送ることが可能になってきました。

　疾患の原因には脳血管系・循環器系・消化器系から難病までさまざまあり、心身の機能低下や季節や家族の介護力などの変化が、症状や暮らし方に深刻な影響を及ぼすこともあります。疾患・障害を本人(家族)がどのくらい認識し、その症状が「暮らし」にどのように影響を及ぼしているのかを具体的にアセスメントしましょう。

「疾患」に対する本人(家族)の理解度を把握する

医院(病院)の診察券

　これまでにどのような疾患・治療を行い、現在どのような治療を行っているかをまず把握します。口頭のやりとりだけでなく、「いままでかかっていらした医院(病院)の診察券を見せていただけますか?」と尋ねることで比較的容易に連絡先まで把握することが可能です。

●「医師がどの程度説明し、どのレベルで理解しているか」を質問する

　医師からどのような説明を受け、生活にどのような注意が必要かを説明され、さらにそれらの内容をどのくらい理解しているかを把握します。がんの場合でも「胃潰瘍」と言われ、本人に告知されていないこともあります。主訴と事実が異なる場合は、主治医・かかりつけ医から直接説明をきく機会をもうけることも必要となります。

□病識:「お医者さんから病気のことはどのように聞かれていますか?」
□理解:「どのような生活ならできそうだと思われますか?」

●本人の疾患・障害の「受容度」を質問する

障害の受容度

　要介護状態になった場合、2号被保険者と1号被保険者で異なる点は「障害の受容度」です。1号被保険者は「そういう歳だからしかたがない」と、

第4章 「質問力」でアセスメント！

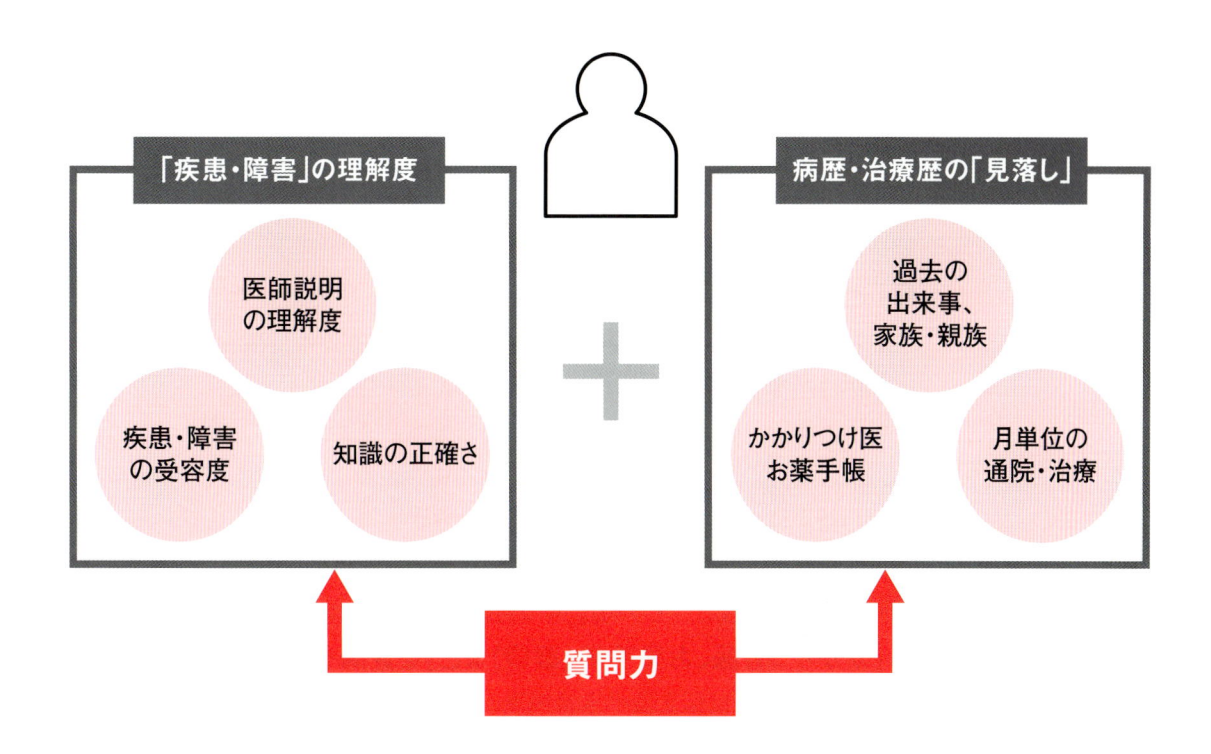

```
         [人物]
「疾患・障害」の理解度        病歴・治療歴の「見落し」

  医師説明              過去の
  の理解度              出来事、
              ＋        家族・親族
 疾患・障害   知識の     かかりつけ医   月単位の
 の受容度    正確さ     お薬手帳     通院・治療

            ↑ 質問力 ↑
```

いまの自分に折り合いをつけることが比較的容易です。しかし 2 号被保険者は、「なぜ自分だけこうなったのか」と 10 年経っても受容しきれない人がいます。とくに仕事や地域でがんばってきた男性や家事をテキパキやってきた女性は「いまできること」を見つけられず、本人の現状にあったサービスにつなげることにも困難さが生まれます。

いまできること

☐受容：「いまの状態をどのように受け入れていらっしゃいますか？」
　　　　「いまのご自分に折り合いをつけるのに、どのようなことがきっかけになりましたか？」

● 認知症に関する本人（家族）の「知識の正確さ」を質問する

　認知症といっても医師から確定診断を受けているかどうかがまず重要です。ひどい物忘れの状態なのに診断を受けることを避けている場合もあり、本人（家族）の「つらい心情」を把握することが大切です。

つらい心情

　告知後、本人（家族）は「改善したいと思っているのか」を把握します。限られた知識や思い込み、周囲の体験談（知人、親戚、民生委員など）で「どうにもならない」とあきらめている場合も多くあります。

☐心情：「認知症とわかったとき、どのようなお気持ちでしたか？」
☐知識：「認知症についてはどのような方法（本、ＴＶ、知人等）で知られましたか（学ばれましたか）？」

病歴・治療歴で起こる「見落とし」を質問力で防ぐ

病歴・治療歴の把握では、家族やヘルパーからの情報提供で後からわかることも多く、サービスの組み換えやプランの変更（介護保険から医療保険適用へなど）も必要になる場合があります。

●「過去の出来事、家族・親族」を質問する

つじつま　本人が過去の手術や治療歴を正確に覚えていることは少なく、「つじつま」が合わなくなることも多くあります。その際は過去の出来事（例：孫の誕生、季節）から正確な時期を把握します。また過去の診察券や診療科目、飲んでいた薬の種類も情報源となります。なお、同居していなくても看病した家族や親戚などが覚えていることがあります。

☐病歴　　：「その病気をされたときにお孫さんはおいくつでしたか？」
☐治療歴：（家族に）「その頃、週に何回ほどお見舞いされていましたか？」

●「かかりつけ医、お薬手帳（薬袋）など」を質問する

主な疾患　利用者（家族）は伝えるべき治療歴は要介護状態となった「主な疾患」で、耳鼻科・歯科・眼科などは「伝える必要がない」と解釈しがちです。しかし「入れ歯が合わないために食べられない、目がかすむので服薬に苦労する」ことは往々にして起こります。お薬手帳などを参考に服薬が暮らしのリズムの中でどのように行えているかを質問します。

☐かかりつけ医：「眼科や歯医者さんなど、他にかかっていらっしゃるお医者さんはいくつありますか？」
☐服薬管理　　：「これまでにどのようなお薬をどれくらいお飲みでしたか？」

●通院・治療を「月単位」で質問する

通院バリエーション　アセスメントでは週単位の通院だけでなく、月1～2回や隔週ごと、薬がなくなったら通院など、月単位でさまざまな「通院バリエーション」ごとに質問します。

☐通院：「ひと月の間にお医者さんにどれくらい通院しておられますか？」
☐通院：「薬がなくなったらもらいに行くお医者さんはありますか？」

「終末期」における「逝き方」を質問する

在宅医療を希望する患者の広がりとともに、「最後は自宅で」と希望する利用者は増えています。終末期においては医療サポートを中心にケアを組み立てることになります。本人（家族）の看取りへの意向と介護者や家族の「心身の疲れ」に着目した適切なアセスメントが求められます。

心身の疲れ

●本人・家族の「終わり方」の意向を質問する

　終末期は医師や訪問看護、在宅医療機器、そして家族介護が大きな役割を担う段階です。医療によって生命維持がはかられている状態ですが、本人が望む「終わり方」、介護者と家族の望む関わり方（看取りを含む）を質問します。

> 本人が望む「終わり方」

- ☐ 家族：「どのような最後の関わり方を望まれますか？」
  - 「ご本人はどこまでの治療を望んでおられましたか？」
  - 「ご本人と最後についてお話しされたことはありますか？」
  - 「最後は自宅か病院か、どちらを選びたいと思われますか？」
  - 「ここ１週間、睡眠はどれくらいおとりですか？」
  - 「いま、どのようなことがご不安ですか？」
  - 「いま、私たちがお手伝いできることはどのようなことですか？」

●介護者・家族の「心身の疲れ」のレベルを質問する

　終末期は介護者や家族への「心のケア」が必要とされる段階です。その時は予見しづらく、家族は 24 時間の看護体制を余儀なくされます。緊急の容態変化が繰り返されると、心身の疲労はピークとなり、やがて「病院か自宅か」の判断を迫られる瞬間への心の準備も必要です。

> 心のケア

私の質問フレーズ / My Question

- ☐
- ☐
- ☐
- ☐
- ☐
- ☐
- ☐
- ☐

オリジナルの質問をつくってみよう！

第 5 章

「質問力」を
ブラッシュアップする

ケアマネジャーの質問力は一朝一夕に高まるものではありません。
この章では、あなたの質問力に磨きをかける5つの方法を提案します。

1 「聞き上手」で答えをうける

2 「専門知識・一般教養」で質問を深める

3 質問力を日常的に「使いこなす」

4 「3つの手法」を学ぶ、活かす

5 「自問自答」で質問を磨く

1 「聞き上手」で答えをうける

　専門職と利用者のコミュニケーションは「質問」からはじまります。ところが、相手が「答え」を語り始めると、先方が注目するのは「聴き手」であるあなたの姿勢（様子）です。自分の目を見つめて真剣に聴いてくれているのか、メモばかりしながら聴いているのか、淡々と事務的に無表情に聴くのかでは、話し手の「ノリ」はかなりちがってきます。

　相談援助の場面では、相手にとって話しづらい、プライバシーに関わる話題が多いからこそ、この「聞き上手」のノウハウが生きてくるのです。

「促しの技術」で盛り上げる

　実は、誰しも話をしている最中にはどれだけ相手に伝わっているかわからないために、聴き手の反応が「鈍い」とずいぶんと不安な気持ちになります。ところが、積極的に聴く姿勢を示し、話題に共感・同意の表情をあらわしてくれると、話し手はさらに気分よく語ることができます。

共感・同意の表情

　「促しの技術」は相手の心を弾ませ、口をなめらかにし、予想外の話題の展開をつくることができます。

●「興味」を抱いて聴く

　人は自分（生い立ち、職業、家族など）に好意的に興味・関心を抱いてくれた人に「心を開く」傾向があります。その姿勢も、自分中心の「興味本位」ではなく、相手の人間性や人柄に素直に「感動・共感」し、さらに関係を深めたいという姿勢を伝えることがとても重要です。

心を開く

□興味：「いまのお話は興味があるので、もう少しお話しいただけますか？」
□初耳：「初めて聞いたのですが、もう少し詳しくお話しいただけますか？」
□参考：「とても参考になるお話をありがとうございます。さらにお聞きしますが〜」

●「感嘆言葉」を添える

　私たちは、自分の話に言葉で感心を示されると、とても気分よく話すこ

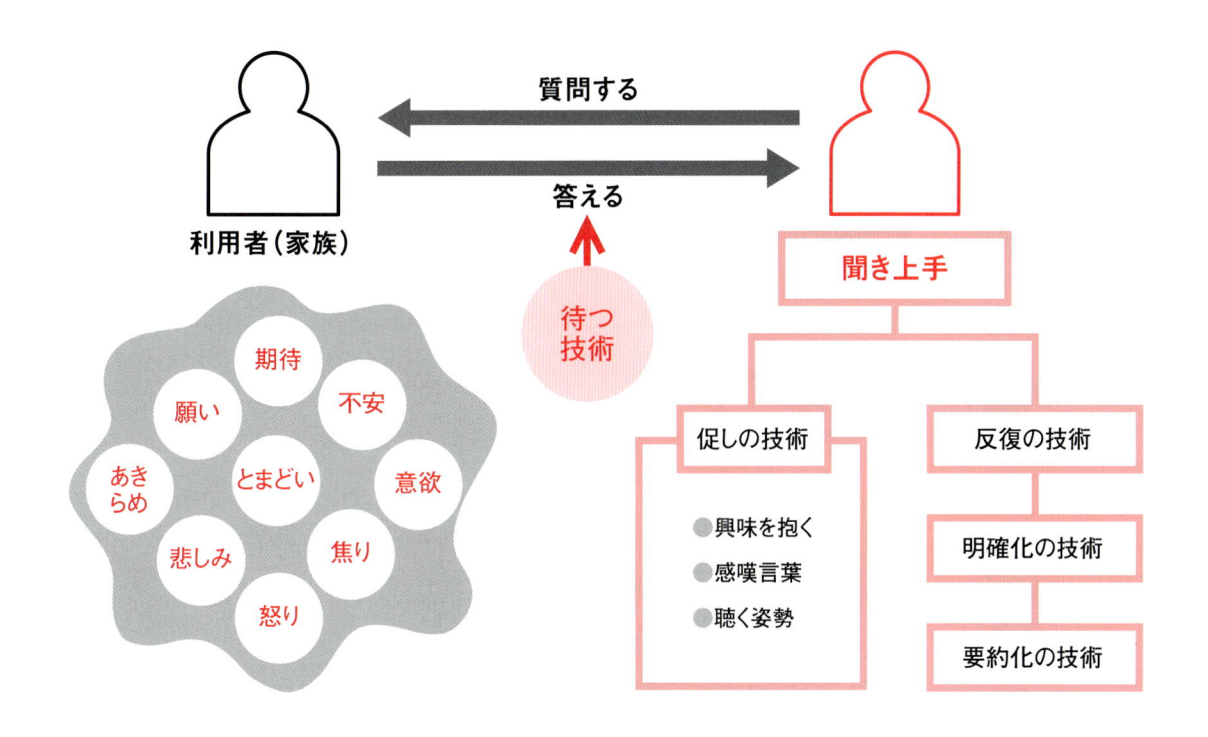

```
           質問する
利用者（家族） ←———————  聞き上手
           ———————→
             答える
              ↑
           待つ技術
```

感情の円: 期待、願い、不安、あきらめ、とまどい、意欲、悲しみ、焦り、怒り

聞き上手:
- 促しの技術
  - 興味を抱く
  - 感嘆言葉
  - 聴く姿勢
- 反復の技術
- 明確化の技術
- 要約化の技術

とができます。黙々と聴くだけでなく、うなづきも含めて「感嘆言葉」を添えてみると、「合いの手」としてとてもリズミカルになります。

□ハ行で感嘆：「はぁ～、へぇ～、ふ～ん、ほぉ～」（注：語尾は上げる）
□感嘆言葉：「いいですねぇ、そうですかぁ、すごいですねぇ、がんばりますねぇ、えらいですねぇ、さすがですねぇ、それわかりますぅ、すてきですねぇ、やりますねぇ、すばらしいですねぇ」（注：語尾を少しだけのばす）

※欄外：合いの手

● 「聴く姿勢」でのせる

　話し手は聴く姿勢にもとても影響されます。聴く態度が話し手に不快感を抱かせる印象のものなら、そこからの関係づくりはむずかしくなります。感嘆の言葉や興味のある言葉も「聴く姿勢」がともなうことで、さらに効果を発揮することが期待できます。

※欄外：聴く姿勢

　○：うなづく、身を乗り出す、ペンを持つ、両手を机に出す、話し手の顔を見る、目を合わせる、軽くほほ笑む、真剣に見つめる など
　×：無表情、のけぞる、腕を組む、頬杖をつく、うつむく、メモばかりをとる、よそ見をする、視線をはずす、暗い表情をする、上目づかいで見る、ペンを回す、冷笑する など

「反復・明確化・要約化の技術」で深める

　話し手の話しぶりはいつもわかりやすいとは限りません。思いや気持ち

ばかりが募って具体性に欠ける、家族や親戚などの人称代名詞を連発する、話題の主語が途中で変わる、わかったものとして話し続けるなどは日常茶飯事です。しかし、それでは話題の一貫性はなくなります。話の途中で確認のための反復質問や「小まとめ」の合意確認の質問をすることで、流れが整理され、より詳細なアセスメントやモニタリングが可能となります。

反復質問

●「反復」（繰り返し）の技術を使う

どのシーンでもすぐに活用できるのが「反復の技術」です。相手が話す内容の中でキーワードとなる「話し言葉」を、そのまま「相手に返す」だけです。このことで、相手は「聞いてもらえている」「伝わっている」「共感してくれている」という実感を感じることができ、話す姿勢や口調に安心感が生まれ、さらに積極的になります。

☐感情：「それはつらかったですね」「悲しかったのですね」「聞いてもらいたかったのですね」「悔しかったのですね」

☐事実：「○○に行かれたのですね」「○○をされたのですね」「○○だったのですね」「○○と思われたのですね」

☐願い：「○○を期待されているのですね」「○○を希望されていたのですね」「○○だったらよかったのですね」

●「明確化」の技術を使う

入れ子構造

文章でも会話でも、「入れ子構造」（例：私は○○が〜をしたと聞いた）になると途端にわかりづらくなり、それが人称代名詞では、正確な「だれ」があいまいなままで進みがちです。また過去を回想した話題では「小さい頃、若い時分、年取ってから」など、時期を特定しない場合もあります。また「そして、それから」と接続詞でつないだり、「句読点のないダラダラした話し方」のために、話にまとまりがなくなることはよくあります。

明確化の問い

これらを防ぐために、いま話している内容に「明確化の問い」を入れます。この手順を踏むことで、話題のブレを防ぎ、話題の輪郭を明確にすることができます。これには第2章（よい質問は「6W1H＋1R」でつくる）が参考になります。

☐確認：「ちょっと確認したいのですが、○○は…のことですか？」
「わかりづらい点が何点かあります。○○は…でよろしいでしょうか？」

●「要約化」の技術を使う

「要素」が混在化
小まとめ

人の話す話題はひんぱんに変わるだけでなく、本人の意向の中に、愚痴や不満、苦情や要望などの「要素」が混在化するものです。時間ごと（数分〜10分程度）や話題ごとに話を「小まとめ」（要約）することで、不足点や誤解・言い間違いにも気づくことができます。

☐要約：「ここでお話を簡単にまとめたいのですが。○○でよろしいでしょうか？」

□整理：「ここでお話を何点かに整理したいと思います。第1に～、第2に～、第3に～でよろしいでしょうか？」「いままでのお話は、○○と理解してよろしいでしょうか？」

「待つ技術」で深める

　聴き上手な人は「待ち上手」です。質問は相手の心に一方的に届き、「答えなければ」という衝動を起こします。しかし質問の意図や質問者の立場や素性がわからなければ、「どこまで答えてよいか」の判断がつかないものです。また高齢者の場合、思い出したり話をまとめたりするのに時間がかかる場合も多く、すぐに「回答」できない状況は容易に想像できます。

　それらを無視した矢継ぎ早の質問は「詰問調」「訊問調」になってしまう危険性があり、とくに注意が必要です。

詰問調
訊問調

　そこで効果的なのが「待つ」という態度を示すことです。焦らず急がせず、どっしりと構えて、相手の「話し出し」を待つ姿勢は、援助者への安心感と信頼感を生みます。テーマによっては数日から数週間を待つくらいの姿勢でもよいでしょう。

話し出し

□待つ：「ゆっくりと思い出してお答えください」
　　　　「じっくりと考えて、気持ちがまとまったらお話しください」

私の質問フレーズ
My Question

□
□
□
□
□
□
□

オリジナルの質問をつくってみよう！

2 「専門知識・一般教養」で質問を深める

なにを質問するか、どの順序で質問するか——。実は質問の内容とそのやりとりで質問者の知識・教養レベルがわかるといわれています。質問する側にとっては「初めて知る」ことでも、答える側にとってはごくごく初歩的で、「その程度も知らないのか」と評価されてしまうこともあります。しかし十分な予備知識で準備した的確な質問には「よく勉強している。それを質問してほしかった」と、質問の深さに相手が思わず語りだすこともしばしばです。相手の教養や文化性を意識し、あらかじめノートに「質問フレーズ」を書き出すなどの準備を行うことで、質問力のレベルアップを図りましょう。

※十分な予備知識

「一般教養」で質問を磨く

質問をするのは相談援助の専門職でも、質問をされる側は「一般の社会人」の方々です。70代以上の大正・昭和初期生まれの利用者や配偶者の方々の「人生の歩み」やこだわりを質問で探り出す場合に「一般教養」(一般的知識)はとても役に立ちます。予備知識がないからといって、悲観する必要はありません。「一般教養」を深める作業はいまから始めても遅くはありません。確かに地道ですが、相談援助職の確実な「厚み」となって、やがて成長の糧となります。そのプロセスが「社会人」としての成長の軌跡そのものでもあるのです。

※確実な「厚み」

●「日本の大正・昭和・平成史」で質問を磨く

利用者(家族)の生活歴を把握するためには、その人の人生を1920年代〜現在までの約90年間の流れ(「大正・昭和・平成」の3つの時代)の中で位置づけ、それぞれの時期に「どこに暮らし、どのような仕事をし、どのような家族をつくってきたのか」を具体的に把握しましょう。

その際に、テーマごとに、どのように予備知識を準備すればよいか、自分なりの方法を身につけましょう。戦争体験者に質問する際には、出征式

※自分なりの方法

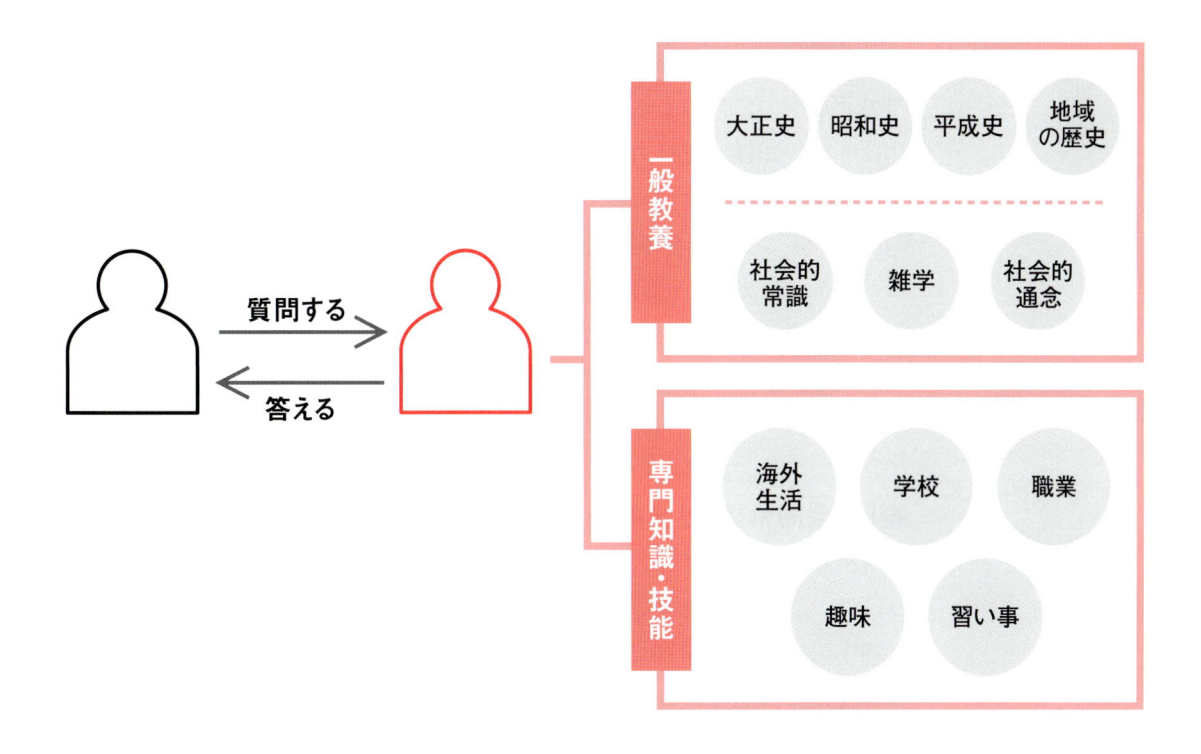

第5章 「質問力」をブラッシュアップする

```
質問する →
← 答える

一般教養
  大正史  昭和史  平成史  地域の歴史
  社会的常識  雑学  社会的通念

専門知識・技能
  海外生活  学校  職業
  趣味  習い事
```

や千人針、軍事教練、空襲、疎開などを話題とし、予備知識としては昭和史写真集や昭和の物価を解説した本などが参考になります。また戦後の昭和史では「朝鮮戦争（1950年）、東京オリンピック（1965年）、大阪万博（1970年）、長嶋茂雄引退（1973年）、オイルショック（1973年）、昭和天皇崩御（1989年）」などを一覧表にしておくことで、時系列で時代をさかのぼることができます。

さらに利用者（家族）自身が「育った家族」について質問をするためには、1850年代以降の幕末・明治維新から大正時代までのおおまかな日本近代史の予備知識があると、質問にも幅が生まれます。

予備知識を蓄えるには図書館利用や新聞、小説、ルポルタージュなどを読むこともありますが、利用者に尋ねながら「知識を増やす」努力（例：ノートをとる）をするのも「関係づくり」として意味あることです。

> ノートをとる

☐ 出征：「大東亜戦争では、どちらの方面に出征されていたのですか？」
☐ 終戦：「玉音放送を聞かれたときはどんな印象でしたか？」「終戦の日は何をされていましたか？」
☐ 両親：「お父様は日清・日露の戦いに出征されたのですか？」
☐ 事件：「大阪万博のときはご家族で見に行かれたのですか？」

● 「地域の昭和史」で質問を磨く

地域の昭和史は「市制・町制50年史」などにまとめられて市町村の図書館や役場に納められています。それらをひもときながら、地域で起こった昭和の出来事（例：○○ダム竣工、○○トンネル開通、○○水害、○○

> 地域の昭和史

震災）や伝統行事（例：〇〇踊り、〇〇大祭）、記念式典（例：国体開催、天皇陛下来訪）などを調べ、予備知識としておき、生活歴の把握の際の質問の「ネタ」に使いましょう。とくに歴史好きの方や元教員・公務員の男性は「歴史知識」をほめられるととても喜び、その後のやりとりも弾みます。

> 質問の「ネタ」

□出来事：「〇〇水害のときは、この町の被害はどれほどだったのですか？」「お家は被害に遭われましたか？」
□伝統行事：「300年の由緒ある〇〇大祭には、氏子としておいくつからどういう役割で関わってらっしゃったのですか？」
□調べもの：「由緒ある〇〇の伝統行事の習わしの歴史をどのようにしてお調べになったのですか？」

●「社会的常識・社会的通念・雑学」の知識で質問を磨く

利用者（家族）との会話のやりとりで専門用語をわかりやすい表現にするには、詳しく解説する方法と比喩（エピソード）を使って説明する方法と相手の実感が湧く口語体（方言含む）に直す方法の3通りがあります。この場合に大切なのは相談援助職としてでなく、一市民としての「社会的常識・社会的通念」がどれほど身についているかが問われてきます。広い視野や話題の豊富さを養うのには「雑学」といわれる分野を日頃から吸収しておくのも意外と役に立ちます。

> 比喩

□確認：「私たち専門職の立場からは〇〇は……と考えるのですが、〇〇さんはどうお考えになりますか？」
□比喩：「〇〇の用語をわかりやすくたとえると……と考えていただいてもけっこうです」

「専門知識・技能」で質問を磨く

相談援助職の対象者は、いま、なんらかの援助を必要としている存在ですが、1人の人間としての生活歴とこだわり、価値観から形づくられる「文化性」を持つ存在です。文化は学歴や肩書ではありません。仕事（主婦を含む）や趣味などを通じて得た専門知識・技能は、その人の人生の輝かしき「財産」として身体に宿っています。

> 人生の輝かしき「財産」

●本人に備わった「教養」に関心を持ち質問力を磨く

「教養」とはその人に備わった知識や常識、人格や振る舞いの総称です。教養は家庭教育や学校教育で基礎がつくられ、社会に出てからの職業（仕事）や経験・体験の中で「成長・形成」されます。生活歴や学歴、職業歴を把握することで、本人の中に埋もれている「教養」に焦点を当て、質問力によって導き出すことで、より深い人間理解と関係づくり、そして本人への「動機づけ」に役立てることができます。

> 動機づけ

- ●学歴：小学校、中学校、高校、専門学校、大学
- ☐学科：「学校ではどのような学科が好きでしたか？」
- ☐夢中：「学校ではどんなことに夢中になって勉強されましたか？」
- ●職歴（商社、建築、運輸、流通、通信、電気、服飾、理美容など）
- ☐師弟：「○○の仕事では、師匠からどのような仕込まれ方をされましたか？」
- ☐成長：「一人前になるために、どのような努力をされましたか？」
- ●転勤（国内〈主要都市、地方勤務など〉、海外生活〈欧米、アジアなど〉）
- ☐影響　：「転勤で住んだ場所で人生に大きな影響を与えたところはどこですか？」
- ☐思い出：「海外生活ではどのような思い出がいまでも印象深く思い出されますか？」

●本人の「趣味の知識」等に関心を持ち質問力を磨く

　世の中には、「趣味」という名の専門的な知識と技能を持ち合わせている人が大勢います。無趣味といっても、小・中・高校を通じてクラブ活動を行ったり、地域の婦人会・老人会でゲートボールや大正琴、フラダンスなどさまざまな趣味に触れている方は案外といます。要介護状態となり、以前のようにはとてもできなくても、いまの状態でもなんとかできることを見つけるプロセスを踏むためには、相談援助職側がわずかでも知識を持っているだけで会話は広がります。

> 専門的な知識と技能

- ☐魅力：「○○の趣味のどのようなところに夢中になれるのですか？」
- ☐上達：「○○を上達するためには、どれくらいの努力と期間が必要ですか？」
- ☐費用：「○○の趣味を続けるには、月間でいくらくらいかかるのですか？」

私の質問フレーズ
My Question

☐
☐
☐
☐

オリジナルの質問をつくってみよう！

3 質問力を日常的に「使いこなす」

　質問力を磨く場は利用者（家族）との面接の場だけではありません。質問力はコミュニケーションの「道具」のひとつですから、仕事関係や友人・家族との会話など、日常生活の中で「使いこなす」ことで、「使いなれる」ことが大切です。多くの人は自分への「グッド・クエスチョン」を待っています。「質問力」をコミュニケーション上手になるきっかけとしましょう。

使いこなす
使いなれる

「仕事」で質問力を磨く

あいまいなこと

　質問力は「わからないこと」を明らかにし、「あいまいなこと」を明確にし、「話し合いたいこと」「確認したいこと」を確かめる力を持っています。仕事はつねに応用力が求められます。細やかで緻密なコミュニケーションが事業所や利用者（家族）との間で行われているかどうかは、ケアマネジメントの「質」に大きく影響します。さまざまな場面で日常的に「質問力」を使いこなし、人間関係づくりに活かしましょう。

●「職場の人間関係」で磨く

ゆるやかなチーム

　職場で構成される「ゆるやかなチーム」にもそれぞれに担当・役割があり、相互に関わりながら仕事は進みます。一方、職場内には新人・中堅・ベテラン、上司・部下、組織・部門があります。

　職場のコミュニケーションを「密」にするきっかけも、やはり「質問」です。質問は仕事の進捗状況を把握し、方針・方向性を話し合い、人を動機（意欲）づけ、人への気配りを示すことができます。

人への気配り

□状況：「いまの仕事でどのような環境がそろえば働きやすいですか？」
□悩み：「いま、仕事で一番にひっかかっていることはどんなことですか？」
□手段：「仕事の進め方で工夫できることはどのようなことですか？」
□援助：「いま、どのようなことに困っていますか？」
□配慮：「やる気を100%とすると、いまは何％くらいですか？」

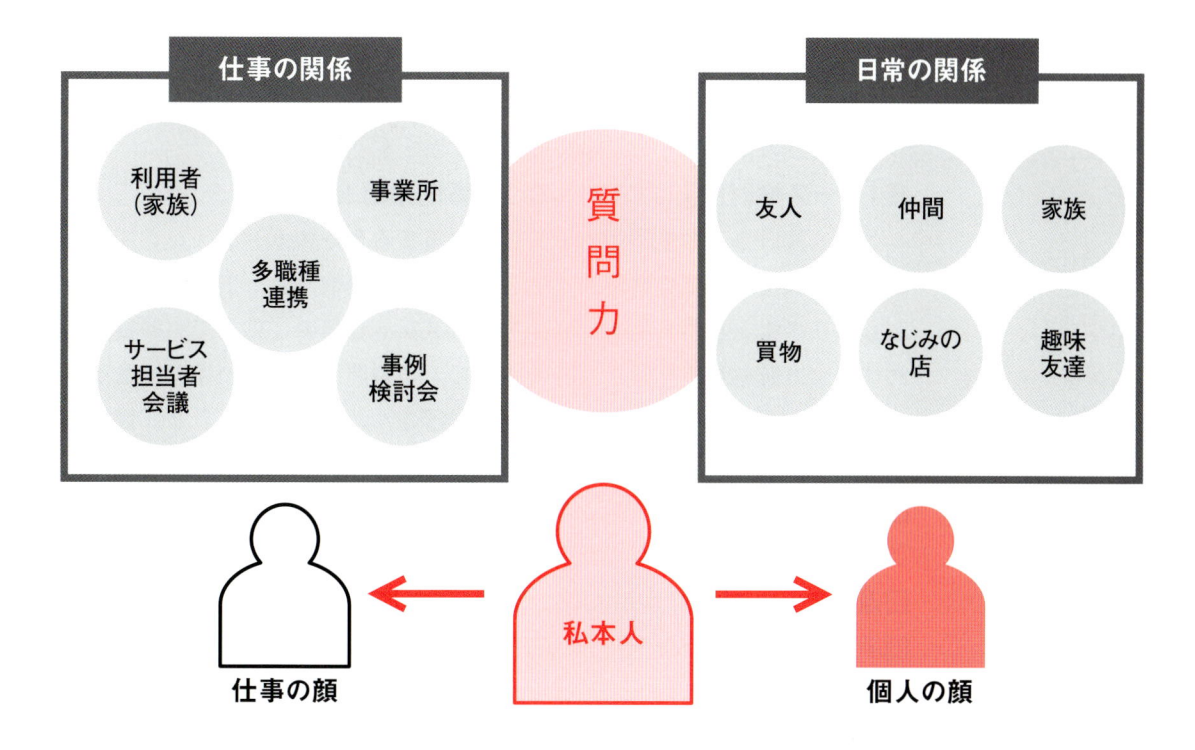

第5章 「質問力」をブラッシュアップする

```
┌─ 仕事の関係 ──────────┐      ┌─ 日常の関係 ──────────┐
│  利用者   事業所       │      │  友人   仲間   家族    │
│ （家族）               │ 質問力│                        │
│      多職種連携        │      │  買物  なじみの 趣味   │
│  サービス   事例       │      │         店    友達    │
│  担当者    検討会      │      │                        │
│  会議                  │      │                        │
└────────────────────────┘      └────────────────────────┘

        仕事の顔  ← 私本人 → 個人の顔
```

● 「多職種連携」で磨く

　多くの人は社会福祉士、介護福祉士、看護師、保健師などの「基礎資格」を持ちながらケアマネジャーとして利用者（家族）支援の仕事に関わっています。実践では常にチームケアを求められます。それぞれが各専門職を尊重し、お互いの知識・専門技能を学び、把握している利用者情報などを共有することで「共通認識」を持つことができます。その過程で必要となるのが、「わからないこと」を明確にして、共通認識を埋めていく的確な「質問力」です。質問づくりでは、「もし社会福祉士（介護福祉士、看護師、理学療法士など）なら、こういう場合にどのような考え方をするだろうか」と発想を転換することであらたな視点に気づくこともできます。

□専門職：「～の専門職として、このケースをどのようにお考えですか？」
□連　携：「～の立場なら、どのような連携の動き方がとれますか？」
□指　導：「私なりにこのケースは○○と考えますが、○○の専門職としてどのように考えたらよいでしょうか？」

的確な「質問力」
質問づくり

● 「サービス担当者会議」で磨く

　サービス担当者会議も、退院・退所時会議から更新時会議、緊急時会議までさまざまなスタイルがあります。どの会議でも「活発な意見」が出され、話し合いを「深める」ためには、質問力による指名、意見の「促し」や「引出し」、状況や根拠の「説明、確認」などがとても効果的です。

□指名：「○○事業所では～さんは午後のアクティビティではどのようにすごされていますか？」

意見の「促し」

161

- □ 説明：「〜さんのリハビリを自宅でご家族が促すには、どのように声がけすればよいでしょうか？」
- □ 確認：「〜さんがデイサービスは気乗りしないとおっしゃる理由には、どのようなことが考えられますか？」

●「ケース検討会」(カンファレンス、事例検討会)で磨く

ケース検討会にも事業所内や関係者が集まるケースカンファレンスもあれば、多職種が集まる研修的意味合いの濃い事例検討会（事例研修会）などもあります。質問の種類にも、アセスメント全体の「見立て」の質問や具体的な方針や対応を話し合う「手立て」の質問、ケースの「理解を深める」質問などがあります。また「仮に○○さんの立場なら〜」と「仮定の質問」が行われることもあります。

「見立て」の質問
「手立て」の質問

- □ 意　向：「82歳の○○さんの行動から、いまでも息子さんに感謝されていることはなんだと思われますか？」
- □ 過　程：「支援のプロセスでご本人にどのような変化がありましたか？」
- □ 手立て：「○○さんにチームが在宅で支援できることはなんですか？」

「日常会話」で質問力を磨く

いろんなパターン

日常会話で質問力を使ってよい点は、「いろんなパターン」を経験できることです。友人・仲間関係、家族だけでなく、いつも買い物をするスーパーや馴染みのお店、駅などの公的な場所、さらに所属する団体やサークル等の会議の場なら、質問力も気軽に使えることでしょう。

●「友人・仲間」で質問力を磨く

友人・仲間とのコミュニケーションの特徴は気がねなく「本音」が語れる点です。「質問」は相手への興味・関心を身近に表わす行為です。職場や仕事関係では「見せられない自分」をお互いに話せるのは、ストレス発散にもとてもよい機会です。友人だからこそ「よくぞきいてくれた」という質問がうれしくて、おたがいの理解を深める効果があります。

見せられない自分
よくぞきいてくれた

- □ 興味：「〜を見たとき、どんな気持ちだった？ うれしかった？ くやしかった？」
- □ 本音：「〜のことについて、よかったら本音を聞かせてくれる？」
- □ 受容：「ここ数ヵ月、胸にたまってつらくてしかたないことがあるんじゃないかと心配していたんだけど、ちがう？」

●「家族との会話」で質問力を磨く

家族の会話の多くは、「ねぇねぇお母さん聞いてよ」と子どもがせがみ、母親が「どうしたの？」と質問をするところから始まります。よくある探し物、1日の出来事、食事、入浴、体調まで、さまざまな話題で「質問と回答」が頻繁に繰り返されるのが家族間の会話です。

そのとき、事実や状況をたずねる質問だけなく、「６Ｗ１Ｈ＋１Ｒ」の視点から「○○はどうしたかったの？」（願い）、「それからどうなった？」（結果）まで質問力で寄り添うと、会話が共感的になります。さらに質問力は子どもに「考える動機づけ」を起こすこともできます。

> 質問力で寄り添う
> 考える動機づけ

- ☐ 困難：「それは大変だったね。それで○○はどうやって乗り越えたんだ？」
- ☐ 失敗：「だったら、どういう条件がそろえば次は失敗せずにすむかな？」
- ☐ 成功：「そりゃすごい！　うまくいったことで一番自信になったことはなに？」

● 「買物、注文」で質問力を磨く

買物やレストランで質問力の練習を行うのが適している理由は、いずこも「顧客には親切」ですから、好意的なやりとりが期待できるからです。誠実に答えてくれるだけでなく、さらに商品や料理をほめ、その産地や作り方などに興味を持って質問をすると、相手の中に仕事への肯定感を芽生えさせることもできます。また一般教養や雑学として「なぜ、これはこうなっているのですか？」と質問することで、相手から生の情報を得るチャンスにもなります。またトラブルの際に、苦情を伝えたり謝罪を求めるだけでなく、質問力を使うことで、起こった原因や背景と見解、適切な対応策を引き出すこともできます。

> 顧客には親切

> 適切な対応策

- ☐ 賞賛：「これは、どのような手順でどれほどの手間をかけていますか？」
- ☐ 情報：「○○を仕入れる際に、プロはどういう目利きをするのですか？」
- ☐ 教養：「○○についてもっと知るには、何を調べればよいですか？」
- ☐ 苦情：「○○として、どのような責任ある対応をしていただけますか？」

私の質問フレーズ
My Question

- ☐
- ☐
- ☐
- ☐
- ☐
- ☐

オリジナルの質問をつくってみよう！

4 「3つの手法」を学ぶ、活かす

　「質問力」はアセスメントやモニタリングなどの相談援助の技法だけでなく、対人援助職者への人材育成やカウンセリングなどの場面で広く使われています。それぞれの対象と目的が異なるので、質問力の活用の仕方も異なります。次の場面で「質問手法」は大いに活用されています。
- 対人援助：スーパービジョン、事例検討会、カウンセリングなど
- 人材育成：コーチング、ファシリテーション、自己啓発など
- 企業支援：コンサルテーション、企業診断、採用面接、労務管理など

　ここでは現場で活用しやすいスーパービジョン、カウンセリング、コーチングを取り上げます。

「スーパービジョン」の手法から質問力を学ぶ、活かす

　「福祉・介護」の対人・相談援助職への援助方法として、スーパービジョンが定着しています。スーパービジョンとは「教育・支持・管理・評価」の4つの機能を活かし、スーパーバイジー（初心者、部下など）がスーパーバイザー（経験者、上司など）から、よりよい実践ができるように指導・支援・訓練される教育訓練課程です。手法として、個別・グループ・ピア・ライブ・セルフの5つの手法があります。

●「スーパーバイジー」に着目して質問する

　スーパーバイジーがどのよう点で迷っているのか、どのプロセスでつまづいているのか、どのようなことにこだわり、自信を持てないでいるかに着目し、「質問手法」を使い本人の「心の内側」に分け入ります。現在から過去にさかのぼり、本人の強さや関わりについて肯定的（支持的）に質問するだけでなく、援助職として、本人が触れられたくない弱さや痛みを浮き彫りにすることもあります。これらのプロセスを通じて「自己覚知」や「気づき」に至ることを目的とします。

　心の内側

　自己覚知

□支持：「いまでも○○さんを支えている利用者さんの印象的な言葉はな

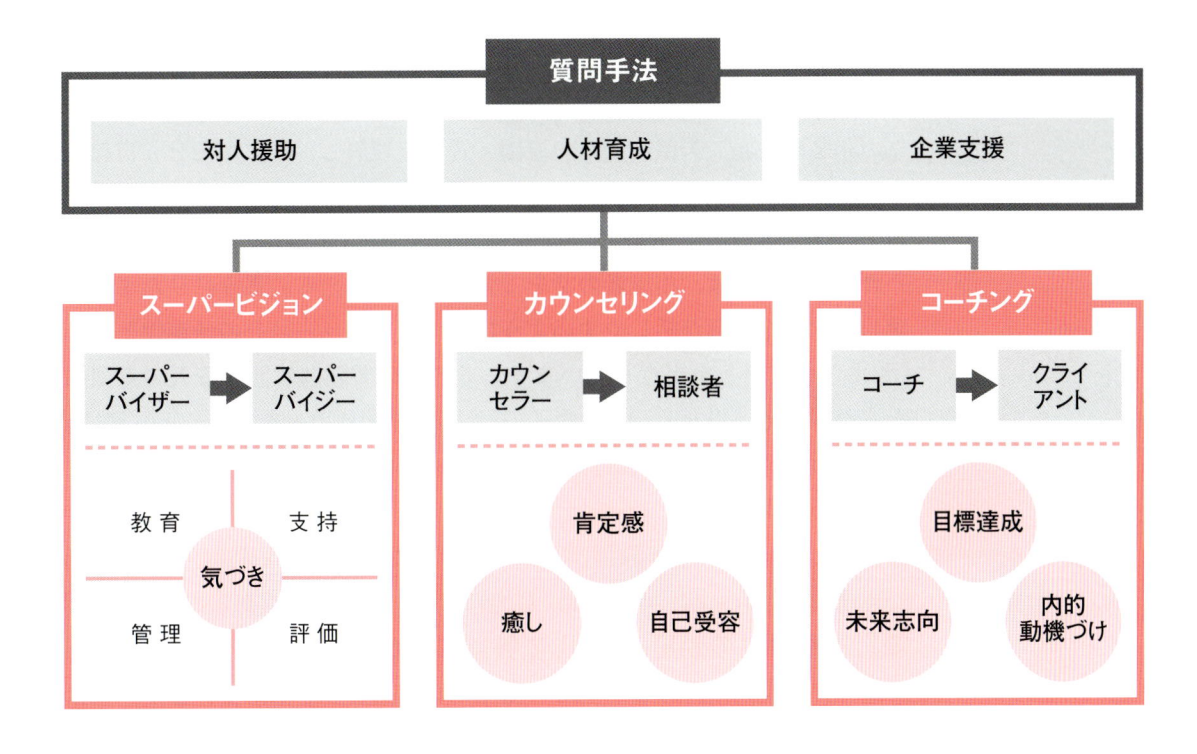

```
                    ┌──────────────┐
                    │   質問手法   │
                    └──────────────┘
         ┌──────────────┬──────────────┐
         │              │              │
      対人援助       人材育成       企業支援
```

スーパービジョン	カウンセリング	コーチング
スーパーバイザー → スーパーバイジー	カウンセラー → 相談者	コーチ → クライアント
教育／支持／管理／評価（気づき）	肯定感／癒し／自己受容	目標達成／未来志向／内的動機づけ

んですか？」「このケースへの支援で心がけたことはなんですか？」

☐痛み：「おっしゃるように、本音で利用者を好きになれない、共感を持てないのは、ご自分の過去の経験となにか関係がありますか？」

● 「事例（ケース）」に着目して質問する

　スーパービジョンでは事例（ケース）の全体像（生活歴、家族歴、家族関係、職業歴、人柄、疾患・体調、ADL・IADL、経済状況、住環境、近隣環境など）を把握するために「多面的な視点」と「専門的な立場」から質問を行います。同時に事例とスーパーバイジーの「関わり」と「ポジショニングの質」を浮き彫りにすることを通じて、支援の課題と改善点および事例の「真の姿」を明らかにします。

ポジショニングの質

真の姿

☐把握：「家族の中で決めごとをするときには、どなたが主導権を握っているのでしょうか？」「妻以外に、夫に真正面に向きあえる方はどなたですか？」
☐課題：「妻の意向をどの段階で把握しておけばよかったと思われますか？」

「カウンセリング」の手法から質問力を学ぶ、活かす

　カウンセリングは「個人の悩みや精神的不安」に着目し、「対話」という手法で相談者と療法者（精神科医、カウンセラーなど）が向き合い行わ

「対話」という手法

れる「治療・療法的行為」といえます。そこではなにかを処方するわけではなく、相談者が「語る」という行為を通じて自らを見つめ、悩み・苦しみ・こだわりを整理し、自分の考え方のクセ（傾向）や湧き起こる感情（怒り、罪悪感、恥、失望など）の原因・背景を理解し、みずからを「自己受容」するプロセス（自己治癒）を踏むことになります。

> 治療・療法的行為
>
> 自己受容

●「カウセリング的傾聴」に学ぶ

カウンセラーは、相談者の話を「肯定的にとらえる」ようにひたすら傾聴します。相談者が話しやすいように、カウンセラーはその誘導役として「さまざま質問」を用意しています。その際の質問は質問する人の意図にそった「Ask」（尋ねる）ではなく、話し手の意図にそった「Listen」（聴く）するための質問です。人は肯定されると心を開き、肯定的な質問にさらに語り始めます。

☐肯定：「○○さんの家族は"ダメな人"ばかりなんですか？」
☐興味：「どういうときに家族が馬鹿にしていると感じられるのですか？」

●「沈黙と間」の効用に着目して質問にいかす

カウンセリングにおとずれる人は深刻な「困難」を抱えています。人は言いづらい、したくない話ほど「前置き」が長くなりがちです。カウセリングでは相談者から「聞きだそうとする態度」を厳しく戒めています。カウンセラーは相手が話したくないことは無理に聞きだすことをせず、相談者が話したいことだけを「じっくり」と聴く姿勢で臨みます。

> 沈黙と間

その際の質問手法で効果的なのが「沈黙と間」です。沈黙は相談者が自分の考えを「深め、振り返り、理解する」ために必要な時間と位置づけます。沈黙のあいだも相談者との「心の会話」は続いているのです。

> 心の会話

「コーチング」の手法から質問力を学ぶ、活かす

コーチングは、もともとビジネス関係で注目された人材マネジメント手法です。過去の「これまで」より、未来の「これから」に着目し、ゴール（目標）の達成を目的にします。その基調は「能力、やる気、自発性」です。ビジネス、教育、スポーツ、美容、ダイエットなど「目標達成型」に向いている分野で活用されています。

> 未来の「これから」
>
> 目標達成型

「教えこむ」ティーチングではなく、可能性を「引き出す」コーチングでは、「答えは本人の中にある」を基本に、本人に「内的動機づけ」をはかるために、「積極的な質問手法」が活用されています。

> 内的動機づけ

●「コーチング的傾聴」に学ぶ

目標達成型で「引き出す」ためには、傾聴も「積極的な聴き方」になります。回答を聞く（hearing）のでなく、うなづきなどのボディアクションも含めた「アクティブ・リスニング」を提唱します。相手の話にあいづ

> アクティブ・リスニング

ちを打ち、相手がんばった点は声のトーンや顔の表情もつけて繰り返し、さらに自己達成感を伸ばします。けっして原因追求型（なぜ〜？）や問題解決型（どうして〜しないの？）にならないように注意します。

☐促し：「○○さんがそんなに改善したんですか。どのようにやったのかお話しいただけますか？」

☐評価：「なるほど、おもしろい視点ですね。どこから発想しましたか？」

● 「コーチング的質問」の質問法に学ぶ

　コーチングでは本人に「考えさせる・自己決定させる」質問を積極的に使い、そのレパートリーを主に7種類（閉じた質問、確認・念押しの質問、意欲を引き出す質問、意見を尋ねる質問、事実を尋ねる質問、選択肢を選ぶ質問、数字で答える質問）に分けています。

　これらの回答に対して質問者が「承認のスキル」で応えることで、相手は目標達成への計画を作り、実行に移すことが可能となります。その代表的な質問スタイルが「GROWモデル」です。5つの頭文字（Rは重複）により質問タイトルが構成され、ステップごとに答えることで、的確な計画化が可能となります。ケアプラン作成に活用する一例を示します。

承認のスキル

GROWモデル

- G（ゴール）目標設定：「自宅でどのような生活を送りたいですか？」
- R（リアリティ）現状把握：「いまはどのようなことにお困りですか？」
- R（リソース）資源確認：「自宅での生活を送るために必要な介護サービスや家族のお手伝い、ご自分でできることは何ですか？」
- O（オプション）選択肢：「いままでのやり方を工夫するとほかに何ができますか？」「ほかにどのような支援があれば助かりますか？」
- W（ウィル）自己決定：「いつから始めますか？」「いつまでに（何から）やれると思われますか？」

私の質問フレーズ
My Question

☐
☐
☐
☐

オリジナルの質問をつくってみよう！

5 「自問自答」で質問を磨く

<small>練られた質問
はずみの質問</small>　　質問にも「準備された質問」「練られた質問」から、やりとりの流れで偶然湧いてきた疑問や興味から生まれる「はずみの質問」までさまざまなものがあります。いかなる作業にも「段取り」があるように、質問にも「順序・順番」があり、道具立てがあります。それらを準備する過程で必ず必要な作業が「自問自答」です。自問自答で質問個々の必要性とその重みを実感し、質問フレーズの吟味と磨き込みを行います。

<small>順序・順番</small>

「何を質問するか」を自問自答する

<small>主導権</small>　　質問する側は会話の「主導権」を握っています。何を話すかは質問の内容によって決定されるからです。だから尋ねられる方は質問に対して「敏感」です。質問するフレーズを十分に練り、質問する意図を伝えることを怠ってしまうと、信頼関係は作れず、やりとりも微妙にズレてしまい、期待する回答も得ることはできません。

●「情報、事実」を質問する

　アセスメントの質問は「利用者の全体像」をつかむことが目的です。利用者（家族）が困っている原因や背景、環境などを知ることは利用者支援には不可欠だからです。しかし、そのことが質問を受ける側に伝わっていなければ、ただの「あら探し」になってしまいます。何を質問するか、何から質問するか、十分に考え抜き質問のフレーズを作りましょう。

<small>あら探し</small>

□配慮：「まずは、いろいろなことを聞かせていただくにはどのような理由を説明する必要があるだろうか？」
□順序：「どの順番で尋ねていけば、抵抗感なく答えやすいだろうか？」

●「本音、心情、感情、意向」を質問する

　客観的事実だけでなく、いまの状態への思い、揺れる心情や不安、望む生活や願いなどの主観的思いを把握することは、本人の意向の尊重や尊厳を守る点で、きわめて重視されるべき点です。しかし質問は時に「矢」の

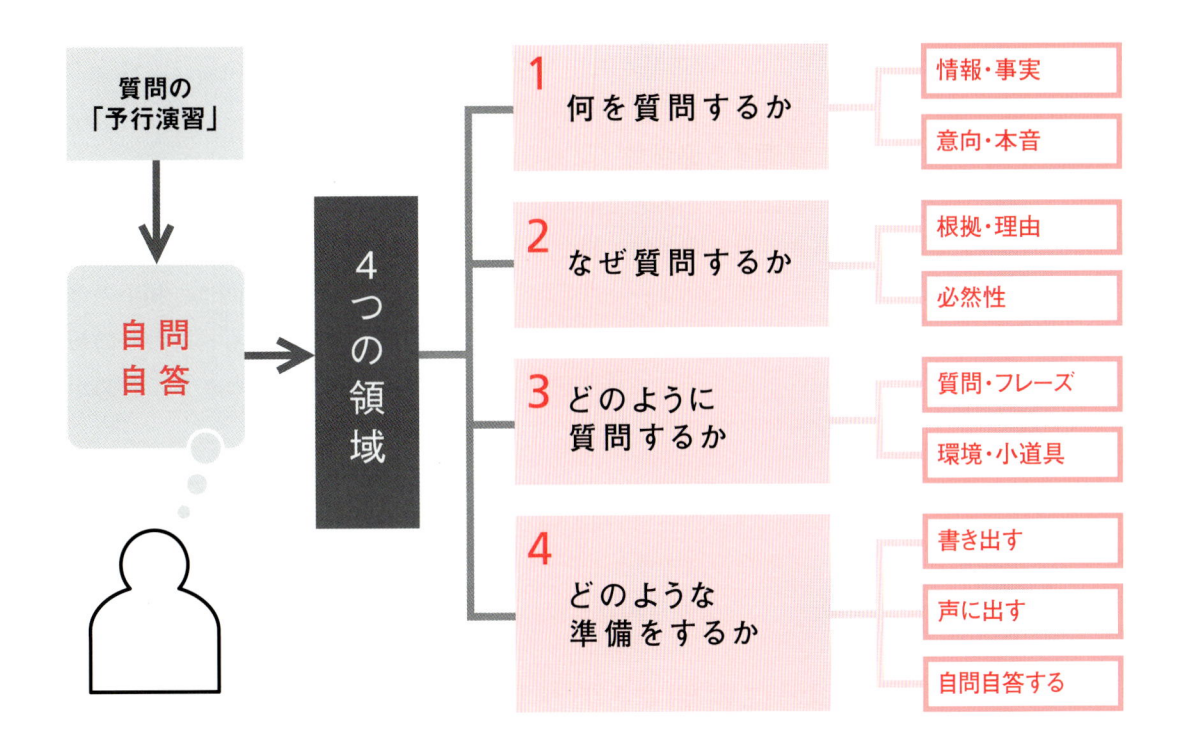

```
質問の「予行演習」
    ↓
  自問自答  →  4つの領域
                1  何を質問するか — 情報・事実 / 意向・本音
                2  なぜ質問するか — 根拠・理由 / 必然性
                3  どのように質問するか — 質問・フレーズ / 環境・小道具
                4  どのような準備をするか — 書き出す / 声に出す / 自問自答する
```

ように相手の心に突き刺さります。相手の「苦渋」に十分配慮し、質問の内容を吟味して利用者（家族）の心情や人柄に合った質問のフレーズを考えます。

☐本音：「話している言葉の奥にどのような本音があるのだろうか？」
☐意向：「本人としてはどうしたいと思っているのだろうか？」

「なぜ質問するのか」（根拠・理由・タイミング）を自問自答する

　質問者が常に意識すべきことは、相手から「どうしてそのことに答えなければならないのですか？」と質問の理由や意味を逆に問いかける「眼差し」です。その「なぜ」が自分の中でも腑に落ちない（納得できない）ままでは、やりとりも型どおりにしかなりません。質問の根拠を自問自答し、考え抜くことで、「深い質問」が可能となります。

●「質問の根拠」を明確にする

　質問の根拠はどこにあるのか。それは援助・支援をスムーズに進めるために必要な情報なのか、個別的なケアをさらにていねいに提供するために必要なのか、あるいは援助職者としての個人的な興味・関心として質問しているのか、「質問の根拠」を明確にするための自らへの「問いかけ」をしてみましょう。

☐根拠：「私はこの質問で何を明らかにしたいのだろうか？」
☐必要：「この質問はいまの支援にどのように（どれだけ）必要なのだろ

　　　　う？」
□関係：「この質問のしかたは利用者の隠しておきたい心の傷にふれるこ
　　　　とにならないだろうか？」

●「いま質問する必然性」はあるか

　質問には「タイミング」があります。体調不良や生活が不安定な状態での「矢継ぎ早の質問」は、相手を追いつめるだけかもしれません。また信頼関係が生まれていない時点でのプライバシーに関わる質問は、相手の尊厳や立場を傷つけることもあります。質問のタイミングにも、関わりの初期の段階に質問する生活基本情報から、「関係の深まり」とともに質問が可能となる生活歴や家族歴などがあります。

矢継ぎ早の質問

関係の深まり

□必然性：「いまの状態で〇〇のことを尋ねるのはベストだろうか？」
□関係性：「どれくらい信頼関係が深まれば、長男夫婦のことを質問でき
　　　　 るだろうか？」
□時　期：「この質問は何ヵ月後に行うのがよいだろうか？」

「どのように質問するのか」を自問自答する

　質問の根拠が決まれば、次は「質問の方法」です。こちらの「知りたい」ことを直球で質問するのか、相手が答えやすいように「小分け」にして質問するのか、質問シートを示しながら順序立てて質問するのかは、質問の内容や重さ・複雑さ、家族の有無などの環境などを判断して行います。

直球で質問

質問シート

●「質問のフレーズ」を考える

　質問には「多様な使い方」（第3章第1節参照）に応じた「フレーズ」があります。まず質問するテーマごとに「フレーズ」を考え、順序を組み立てます（第3章第2節参照）。しかし現場では饒舌に語ってくれる人もいれば、寡黙にゆっくりと話す人、質問をはぐらかし遠回しにしか語らない人、拒否的な態度を示す人までさまざまです。また物忘れや失語症、認知症の初期症状の場合、質問そのものの理解が困難な場合もあります。対象となる相手に応じて、「質問のフレーズ」は最低3つは考え、万が一、話がそれたときの「戻すフレーズ」も考えておきます。

質問のフレーズ

□質問：「このフレーズで利用者（家族）は答えやすいだろうか？」
□順序：「A→B→CとC→B→Aのどちらの順番がよいだろうか？」
□時期：「このタイミングに〇〇の質問は早すぎない（遅すぎない）だろ
　　　　うか？」

●「質問の環境と小道具」を考える

　相手には「話しやすい環境」があります。家族の有無が話の内容や深さにも影響します。とりわけ「混み入った話」は周囲への遠慮が働きやすいものです。会話が漏れない・聞かれない場所で行う、1対1で行うなど「環

周囲への遠慮

境づくり」にも配慮します。また質問を紙に書く、回答を紙に書いてもらうなどの「筆談」やコミュニケーションボード、アルバムや思い出の品々、生活道具や民具など「小道具」も必要に応じて使いこなしましょう。
☐ 環　　境：「この質問はどのような環境なら答えていただけるだろうか？」
☐ 家　　族：「この質問には、どの家族の方がいてくれるとよいだろうか？」
☐ 小 道 具：「この質問にはどのような小道具があれば話が弾むだろうか？」

「どのような準備をするか」を自問自答する

　質問にも「準備」が必要です。ライブ感を重視した「ぶっつけ本番」は、質問者主導になるか散漫なやりとりになるか、いずれかです。「慣れ」から勝手な決めつけをしがちな人ほど「準備」を怠ります。「人生初めての体験」で追いつめられている利用者（家族）は、質問のやりとりには想像以上に「敏感」です。「どのような準備をするか」を考えることは、相談援助職の真摯な姿勢として重要です。次の3つは必ず行うべき準備です。

　①質問の「フレーズ」をノートに書き出す
　②「フレーズ」を声に出して読み上げる
　③フレーズをみずからに「自問」し、「自答」（回答）してみる

　ノートへの「書き出し作業」は質問の語彙を増やしてくれます。いわば道具をそろえる作業です。次に読み上げることで「文字言葉」を「話し言葉」に変換します。みずからに使ってみることで、心の中に起こる「反応」を事前に疑似体験でき、使用にあたり気配りができるようになります。

ぶっつけ本番

人生初めての体験

話し言葉

疑似体験

私の質問フレーズ
My Question

☐
☐
☐
☐
☐
☐

オリジナルの質問をつくってみよう！

フレーズ作成と「ロールプレー」

COLUMN

　質問力は実践の技術です。世代・立場・場面など、あらゆるコミュニケーションシーンで活用できる「打ち出の小槌」です。

　ですがうまく「使いこなすレベル」になるまでには、日頃の質問づくりと練習が必要です。これを怠り、ぶっつけ本番でやれると思ってしまうと、相手の誤解を招いたり、人間関係に影響が出てしまいます。

　質問を相手の心に響かせるには、まず「質問の型」を身につけることが大切です。「質問力」演習ノートをふだんから作りこんでおき、ロールプレーを体験することで自然体で使いこなせる「質問の達人」をめざしましょう。

❶「質問フレーズ」を作り込む

　質問の意義を理解し、どのような瞬間に役に立つか頭ではわかっていても、即座に「言葉化」できるほど人間は器用にできていません。何を聞きたいのかは明確でも、それを引き出す「問いかけ」には細心の配慮が必要です。

　正確な問いかけは「合鍵」です。質問のフレーズがあいまいでは、答える方もとまどい「開かずの扉」になってしまいます。

　ではどうすればよいか？　やることはすごくシンプルです。場面別・目的別・対象者別に「質問フレーズ」（15～50文字）を作りこむ作業を行っておくだけでよいのです。

　本書で紹介した質問フレーズも相手によってはさらに「小分け」にして質問する必要があるでしょう。もっと異なった切り口のフレーズがよいこともあるでしょう。土地の方言に言い換えることで親近感も湧き、質問の意図がようやく伝わることは地方ではよくあります。

　「ひとつの質問にひとつの質問フレーズ」を基本にたくさん作りこんでおきましょう。

❷「ロールプレー」（擬似演習）で効果を確認して、いざ本番へ

　わかることとできることは違います。

　いかなるスポーツも教本を読んだくらいで試合はできません。基本の型を身につける「練習」があって身につくことになります。

　作り込んだ質問フレーズを幾パターンもの「ロールプレー」（擬似演習）で身体と頭になじませる作業を行います。

・セルフロールプレー

　基本はセルフロールプレーです。目の前に利用者（家族）を想定し、場面を頭に浮かべながら気持ちを盛り上げて、作り込んだ質問フレーズを何度も声に出します。声に出すと書き言葉の質問フレーズの「無理な言い回し」がよくわかります。意味が通じるなら言い換えてもよいです。

　不自然さがとれるまで10回程度は繰り返します。語尾の上げ下げ、話す速度、声の大きさ、気持ちのこめ方、身振りのつけ方など、自分なりに工夫をしてみましょう。

　何回も行うと書き言葉の質問フレーズが「話し言葉」にこなれてきて、身体になじんできます。それが「身につく」瞬間です。

・対面ロールプレー

　質問は相手がいることで、さらに実践的な練習が可能となります。練習相手に想定する利用者（家族）の特徴を説明し、実際に5分程度の「受け答え」をしてもらいましょう。やりとりでは閉じた質問・選ぶ質問・開いた質問を駆使し、話題の広がりや絞り込み、まとまりなどを意識しながら行います。できれば3～5人で行い、観察者を1人設定しましょう。

　その様子をビデオカメラに収録し、再生しながら振り返ると自分の癖もわかり、「気づき」がより深くなります。

「質問力」演習ノート

「質問力」を高めるには日頃の「質問づくり」が大切です。
この「演習ノート」は、あなたの「質問の貯蔵庫」にすることができます。
本書の中の質問フレーズをアレンジしてもよし、
各項目で考えた「私の質問フレーズ」を転記してもよし、
利用者と対面しているところを想像して新しい質問をつくってもよし。
どんどん書き貯めて、あなたの「質問力」に磨きをかけましょう！

第2章　よい質問は「6W1H+1R」でつくる

1 「いつ(時間・時期)」を質問する(When)

● 人生の時期　● 日単位・週単位・月単位・年単位

● 期間（いつからいつまで）

☐
☐
☐
☐
☐
☐
☐
☐
☐
☐
☐
☐
☐
☐
☐
☐

2 「どこ（場所・環境）」を質問する（Where）

● 場所

● 環境

☐
☐
☐
☐
☐
☐
☐
☐
☐
☐
☐
☐
☐
☐
☐
☐

3 「だれ（主体）」を質問する（What）

● 主人公の確認

● 人称代名詞の確認

☐
☐
☐
☐
☐
☐
☐
☐
☐
☐
☐
☐
☐
☐
☐
☐

4 「なに（目的・内容）」を質問する（What）

- 行為の目的
- 道具類の目的
- 人物の目的

☐
☐
☐
☐
☐
☐
☐
☐
☐
☐
☐
☐
☐
☐
☐
☐

5 「なぜ（理由・根拠）」を質問する（Why）

● 本人の理由・根拠

● 家族の理由・根拠

☐
☐
☐
☐
☐
☐
☐
☐
☐
☐
☐
☐
☐
☐
☐
☐

付録

6 「どのように（手段・方法・状況）」を質問する（How）

- 手段　　● 状況（環境）
- 状態

☐
☐
☐
☐
☐
☐
☐
☐
☐
☐
☐
☐
☐
☐
☐
☐

7 「どうなった（結果）」を質問する（Result）

- 結果のレベル

- 変化のレベル

☐
☐
☐
☐
☐
☐
☐
☐
☐
☐
☐
☐
☐
☐
☐
☐

8 「願い」を質問する（Wish）

- ADLの向こうにあるWish
- IADLの向こうにあるWish
- CADLの向こうにあるWish

☐
☐
☐
☐
☐
☐
☐
☐
☐
☐
☐
☐
☐
☐
☐
☐

第3章 第1節 質問の「使い方」

1 質問のルール

- ●配慮を示す
- ●決めつけ・引きつけの質問はしない
- ●自分の興味・関心で尋ねない
- ●責任追及の道具にしない

☐
☐
☐
☐
☐
☐
☐
☐
☐
☐
☐
☐
☐
☐
☐
☐

2 質問の基本形:「閉じた質問・選ぶ質問・開いた質問」

- 閉じた質問
- 選ぶ質問
- 開いた質問

☐
☐
☐
☐
☐
☐
☐
☐
☐
☐
☐
☐
☐
☐
☐
☐

3 内容:「広げる質問・深める質問」

● 広げる質問　　● 深める質問

● 広げる質問＆深める質問

☐

☐

☐

☐

☐

☐

☐

☐

☐

☐

☐

☐

☐

☐

☐

付 録

4 時間:「これまでの質問・これからの質問」

● これまでの質問

● これからの質問

☐
☐
☐
☐
☐
☐
☐
☐
☐
☐
☐
☐
☐
☐
☐
☐
☐

185

5 客観・主観:「事実をきく質問・意向をきく質問」

● 事実をきく質問

● 意向をきく質問

☐
☐
☐
☐
☐
☐
☐
☐
☐
☐
☐
☐
☐
☐
☐
☐
☐

6 職務・本人:「聞くべき質問・話したい質問」

● 聞くべき質問

● 話したい質問

☐
☐
☐
☐
☐
☐
☐
☐
☐
☐
☐
☐
☐
☐
☐
☐
☐

第4章 「質問力」でアセスメント!

1 「生活歴」を質問しよう!

- 生まれ、生活習慣
- 出来事
- 人生の6ステージ（幼少期、思春期、青年期、中年期、壮年期、高齢期）

☐
☐
☐
☐
☐
☐
☐
☐
☐
☐
☐
☐
☐
☐
☐

2 「職業歴」を質問しよう!

- 時期・年齢
- 仕事内容
- 働き方
- 価値観
- 生活習慣
- 人間関係

☐
☐
☐
☐
☐
☐
☐
☐
☐
☐
☐
☐
☐
☐
☐
☐

3 「家族歴」を質問しよう!

- 育った家族　　● 育てた家族　　● 親族・親戚
- 家族・親族内の位置

☐
☐
☐
☐
☐
☐
☐
☐
☐
☐
☐
☐
☐
☐
☐
☐

4 「趣味歴」を質問しよう!

- 室内趣味
- 屋外趣味
- 伝統芸能
- 価値観
- 知識・教養
- 人間関係

- [ ]
- [ ]
- [ ]
- [ ]
- [ ]
- [ ]
- [ ]
- [ ]
- [ ]
- [ ]
- [ ]
- [ ]
- [ ]
- [ ]
- [ ]
- [ ]

5 「人柄・性格」を質問しよう!

- 仕切り型
- 注目・がんばり型
- 地道・努力型
- 慎重・石橋型

☐
☐
☐
☐
☐
☐
☐
☐
☐
☐
☐
☐
☐
☐
☐
☐

付録

6 「人間関係」を質問しよう!

● 生育歴　　● 仕事関係

● 地元・地域

☐
☐
☐
☐
☐
☐
☐
☐
☐
☐
☐
☐
☐
☐
☐
☐
☐

7 「ADL」を質問しよう!

- 移動
- 食事
- 排泄
- 入浴
- 整容・着替え
- 体調・睡眠・水分

☐
☐
☐
☐
☐
☐
☐
☐
☐
☐
☐
☐
☐
☐
☐
☐

8 「IADL」を質問しよう!

- 調理
- 洗濯
- 掃除・整理整頓
- 買い物
- 金銭管理・服薬管理

☐
☐
☐
☐
☐
☐
☐
☐
☐
☐
☐
☐
☐
☐
☐

9 「CADL」を質問しよう!

- こだわり
- 願い・望み
- 取り戻したい暮らし(趣味)
- 楽しみ・心地よさ
- 生きがい

☐
☐
☐
☐
☐
☐
☐
☐
☐
☐
☐
☐
☐
☐
☐
☐

10 「疾患歴・治療歴」を質問しよう!

- 疾患についての理解度
- 疾患・障害の受容度
- 治療歴
- 終末期の意向
- 介護者の心身の疲労レベル

☐
☐
☐
☐
☐
☐
☐
☐
☐
☐
☐
☐
☐
☐
☐
☐

参考文献

- 「質問力」 齋藤 孝著 ちくま文庫 2006年
- 「質問力」 飯久保廣嗣著 日本経済新聞社 2003年
- 「その気にさせる質問力トレーニング」 ドロシー・リーズ著 ディスカバー・トゥエンティワン
  2003年
- 「コーチングのプロが教える質問の技術」 齋藤淳子著 ダイヤモンド社 2003年
- 「頭のいい人の『質問力』と『返事力』」 和田秀樹著 新講社 2007年
- 「いい質問は、人を動かす。」 中谷彰宏著 ダイヤモンド社 2004年
- 「コーチングのプロが使っている質問力ノート」 ルバート・イールズ＝ホワイト著
  ディスカバー・トゥエンティワン 2004年
- 「最強の質問力」 工藤浩司著 実業之日本社 2003年
- 「問題解決のための『質問力』」 木村孝・高橋慶治著 オーエス出版社 2003年
- 「質問する技術が面白いほど身につく本」 内山辰美・櫻井弘編著 中経出版 2003年
- 「谷川俊太郎の33の質問」 谷川俊太郎著 ちくま文庫 1986年
- 「基礎から学ぶ気づきの事例検討会」 渡部律子編著 中央法規 2007年
- 「プロカウンセラーの聞く技術」 東山紘久著 創元社 2000年
- 「プロカウンセラーのコミュニケーション術」 東山紘久著 創元社 2005年
- 「福祉のための民俗学〜回想法のススメ〜」 岩崎竹彦編 慶友社 2008年
- 「現代世相風俗史年表1945-2008」 世相風俗観察会編 河出書房新社 2009年
- 「日本民衆史6 生業の歴史」宮本常一著 未来社 1993年
- 「写真で綴る昭和30年代農山村の暮らし――高度成長以前の日本の原風景」武藤盈・写真
  須藤功・聞き書き 農山漁村文化協会 2003年

高室成幸（たかむろ　しげゆき）
ケアタウン総合研究所　所長
1958年京都生まれ、1980年日本福祉大学社会福祉学部卒業。2000年にケアタウン総合研究所を設立し、ケアマネジャーや主任介護支援専門員、地域包括支援センター職員、行政職員、社協職員、民生委員、施設職員、施設管理者などを対象にケアマネジメント、地域包括ケア、多職連携、モチベーション、施設マネジメント、人材マネジメント、リスクマネジメント、虐待予防など多岐にわたるテーマで研修・執筆を行っている。保健福祉系大学での非常勤講師も勤める。雑誌への寄稿も多い。

主な著書
- 「地域支援コーディネートマニュアル」単著（法研）2003
- 「ケアマネジメントの仕事術」単著（中央法規）2005
- 「よくわかる　地域包括支援センター　必携ハンドブック」単著（法研）2005
- 「介護サービス事業者のための個人情報保護ガイドブック」単著（中央法規）2006
- 「家族のための事例でわかる介護ケアプラン」単著（法研）2007
- 「介護予防ケアマネジメント」単著（中央法規）2007
- 「ケア会議の技術」共著（中央法規）2007
- 「ケアマネジャーの仕事力」単著（日総研）2008
- 「伝える力」単著（筒井書房）2010
- 「言いにくいことを伝える77のコミュニケーション」単著（筒井書房）2011
- 「施設ケアプラン記載事例集」共著（日総研）2011　　他多数

※研修事業に関する問い合わせ
ケアタウン総合研究所　http://www.caretown.com

ケアマネジャーの質問力

2009年7月10日　初　版　発　行
2020年2月20日　初版第12刷発行

著者…………高室成幸

発行者………荘村明彦

発行所………中央法規出版株式会社
　　　　　〒110-0016　東京都台東区台東3-29-1　中央法規ビル
　　　　　営　　業　　　TEL 03-3834-5817　FAX 03-3837-8037
　　　　　取次・書店担当　TEL 03-3834-5815　FAX 03-3837-8035
　　　　　https://www.chuohoki.co.jp/

装幀…………渡邊民人
本文デザインDTP…荒井雅美（TYPEFACE）

印刷・製本…新津印刷株式会社

定価はカバーに表示してあります。
ISBN 978-4-8058-3172-4

本書のコピー、スキャン、デジタル化等の無断複製は、著作権法上での例外を除き禁じられています。また、本書を代行業者等の第三者に依頼してコピー、スキャン、デジタル化することは、たとえ個人や家庭内での利用であっても著作権法違反です。
落丁本・乱丁本はお取り替えいたします。
本書の内容に関するご質問については、下記URLから「お問い合わせフォーム」にご入力いただきますようお願いいたします。
https://www.chuohoki.co.jp/contact/